달리기의 모든 것

러너들이 기다린 검증된 달리기 교과서!

달리기의 모든것

달리기 자세부터 주법, 장비, 기술, 부상 대처법까지

매일경제신문사

건강하고 행복한 삶을 찾자

　2012년 어느 겨울밤, 갑자기 등줄기를 타고 예리한 아픔이 찾아 왔다. 통증은 목과 어깨를 짓누르며 밤과 낮을 가리지 않고 괴롭히기 시작했다. 어느 순간부터 오른쪽 손에 저림 증상이 심해지더니 결국 에는 손목을 들어 올릴 힘조차 없어졌다. 진료를 보며 환자를 치료하 던 포셉Forcep은 처치실 바닥으로 떨어졌다. 받아들이긴 싫었지만 목 디스크가 신경을 압박하고 있다는 사실이 확실했다.

　소위 말하는 디스크(정확한 병명은 추간판 탈출증)는 대부분 좋지 않은 자세와 습관에서 기인한다. 중·고등학교, 의과대학 시절에는 책 상에서 시간을 보냈고, 정형외과 의사가 되어서는 고개를 숙여 수술 에 몰두하다 보니 자세가 건강해질 틈이 없었다. 개원 이후에는 하루 종일 컴퓨터 앞에 앉아 진료를 보다 보니 상황은 더더욱 좋지 않았다.

　목과 어깨 주변의 통증은 시간이 지날수록 심해졌고, 감각 이상과 운동 신경의 부분마비 증상도 악화되었다. MRI 촬영 결과는 불안했 던 예감을 그대로 보여주었다. 엄지손톱만한 큰 디스크가 돌출되어 척추관을 막으면서 오른쪽 6번, 7번 경추 신경을 압박하고 있었다.

일반적으로 디스크는 보존적 치료로(수술하지 않고) 증상이 좋아지는 경우가 많다. 하지만 감각이 다르거나, 힘이 약해지거나, 참을 수 없는 통증이 지속되는 경우에는 수술하는 방법을 선택하는 것이 좋다. 나의 경우는 통증이 심하고 신경 증상도 있었기 때문에 수술 적응증에 해당되었다. 많은 환자를 수술하고 치료해 본 경험이 있는 정형외과 의사였지만 막상 수술대에 눕는다고 하니 오만가지 생각이 다 들었다. 수술을 할까 말까 고민하던 어느 날, 1990년대 초반부터 달리기를 즐겼고, 이미 지구 한 바퀴 거리 이상을 달렸던 큰형(남현우 삼성마취통증의학과의원 원장)이 지나가듯 한마디를 던졌다.

"한번 뛰어보는 게 어때?"

"달리기요?"

아파서 끙끙 앓던 나에게 달리기는 마지막 탈출구였다. 오른손의 마비 증상과 목 주변의 통증으로 지금 할 수 있는 유일한 운동은 성한 두 다리를 사용하는 것뿐이었다.

매서운 강바람을 뚫고 한강변에 나섰다. 한 걸음, 두 걸음 조심스레 달리기 시작했다. 아이스하키를 5년간 꾸준히 해왔지만 그것과는 또 다른 운동이었다. 지구의 중력이 무겁게 끌어내리는 느낌이 들었다. 중력을 이기고 앞으로 나아가기 위해서 척추는 세우고 다리와 팔은 힘차게 움직여야 했다. 이러한 반복 동작은 마사지하듯, 어깨 주변의 뭉쳐 있던 근육을 풀어주기 시작했다. 심박동수가 빨라지고 호흡이 거칠어질수록 등줄기 쪽의 샤프한 통증은 시원하리만큼 줄어드는 것이 느껴졌다.

달리기는 이렇게 새로운 희망으로 다가왔다.

유독 추웠던 그해 겨울이었지만 매일 저녁 한강변을 달렸고, 달리는 거리는 조금씩 늘어났다. 달리고 난 이후 상쾌한 기분과 약간의 피로감은 자연스럽게 숙면으로 유도되었다. 어느덧 2~3개월의 시간이 흘러 봄은 찾아왔고, 동아마라톤(2013)을 완주하던 나를 만날 수 있었다. 살은 5kg 정도가 빠졌고, 체력은 몰라보게 좋아졌다. 젊어진 느낌과 함께 밝고 긍정적인 생각이 많이 들었다. 무엇보다도 디스크로 인해 고통받던 목 주변의 통증과 저림 증상이 없어졌고, 오른손에 힘도 돌아와서 진료 보기가 수월해졌다. 물론 무엇 하나 때문에 좋아졌다고 단언하기는 어렵다.

병행했던 주사요법과 약물 치료의 효과였는지? 디스크로 눌렸던 신경이 자연적으로 회복된 것인지? 달리기의 운동 효과였는지? 하지만 나는 달리기를 통해 육체적 고통이 사라지는 경험과 내 자신이 무엇인가를 이겨내기 위해 싸우고 해냈다는 자신감을 얻었다. 달리기는 나의 삶을 변화시켰다. 출근과 퇴근시간, 점심시간에 짬을 내가며 달리기를 즐겼고, 그러한 노력은 새로운 목표와 도전정신으로 이어졌다. 마라톤 풀코스를 처음 5시간 10분에서 3시간 30분으로 1시간 40분을 단축했으며, 철인삼종 킹코스(수영 3.5km, 자전거 180km, 달리기 42.195km)경기까지 완주하였다. 제주국제울트라마라톤에서는 뜻하지 않게 100km 단체전 우승이라는 영광도 있었다. 9년이란 세월은 그렇게 흘러갔다. 수술 위기였던 목 디스크는 잘 조절되어 일상생활과 진료, 운동에 전혀 무리가 없었다.

하지만 달리기로 인한 또 다른 부상들이 찾아왔다. 무릎 바깥쪽의 통증(장경인대마찰증후군), 발바닥 통증(족저근막염), 햄스트링손상, 발목인대손상, 정강이 통증(경골과로성골막염)…. 과유불급이라는 기본적인 원칙을 무시하며 너무 몰두했던 것일까?

정형외과 전문의, 집도의, 스포츠의학분과 전문의인 나에게 달리기 부상은 비어 있던 허점을 정확하게 찔렀다. 달리기 부상은 기존의 알고 있던 스포츠 손상과는 다른 황무지 같은 분야였다. 막연히 알고 있을 거라고 생각했던 지식들은 그 깊이가 너무 얇아 처음부터 다시 공부를 시작해야 했다. 정형외과나 의학 관련 도서는 수술적인 내용에 편중되었고, 인터넷, 블로그, 유튜브에는 객관적이고 검증된 내용을 찾기가 어려웠다. 결국 미국 스포츠의학회지와 영국 스포츠의학회지를 정기 구독하며, 외국 논문에 기댈 수밖에 없었다.

하나하나씩 알아가다 보니 달리기 부상의 원인과 부상 카테고리, 치료 방법에 대한 밑그림이 그려지기 시작했다. 나의 부상을 통해 달리기 부상의 원인을 이해하게 되고, 어떻게 치료하면 되는지, 어떻게 하면 또 다시 달릴 수 있는 지를 터득할 수 있었다. 나름의 노하우와 치료에 대한 자신감으로 입소문을 듣고 찾아온 많은 러너를 치료하며 경험치를 늘려갔고, 달리기 관련 칼럼을 쓰며 더 탄탄하게 내실을 키웠다.

코로나의 장기화로 인해 실내체육시설을 이용하게 되지 못하자 달리기 인구가 늘어나고 달리기 부상도 점차 발생 빈도가 늘어나고 있다. 이러한 기류에 편승하여 유튜브나 인터넷에서는 달리기 부상과 그 치료를 설명하고는 있지만 객관성이 부족하여 부상당한 러너에게 오히려 혼선을 주기도 한다. 아파서 병원에 가면 무조건 쉬라는 이야기 외에는 들을 수가 없다. 아직 나의 달리기 경험과 달리기 부상에 대한 공부, 치료 경험이 아주 풍부하다고는 말할 수 없지만 한 번쯤 용기를 내볼 필요도 있다는 생각이 들었다. 달리기 부상이란 영역을 공부하고 치료하며 달려본 정형외과 전문의는 많지 않다는 자긍심과, 이러한 지식과 경험이 부상과 고통으로 고민하는 많은 러너들에게 도움을 줄 수 있을 것이라는 믿음으로 집필을 결심했다.

나의 글이 부족하고 미약하지만, 지금도 주로에서 달리기 부상으로 고심하는 모든 러너와 부상 치료를 고민하는 분들에게 조금이라도 도움이 되었으면 하는 바람이다.

CONTENTS

Part.1

10km

왜
달리기
인가?

인류는 왜 달렸을까?

　달리기에 관한 흥미로운 역사가 있다. 뛰기 시작한 인간의 유례를 살펴보려면 먼저 네 발로 기어 다니던 인간이 왜 두 발로 서서 걷게 되었을까를 먼저 생각해보아야 한다.

　머나먼 시절 인류는 숲과 나무에 은신하며 열매를 먹고사는 유인원과 같은 영장류였다. 그런데 지금으로부터 600만 년 전, 혜성 충돌 혹은 기후 변화 같은 이유로 숲이 크게 줄어들었다. 유인원들은 자신들의 서식지가 사라지자 새로운 보금자리를 찾아 떠났다. 광활한 초원을 건너며 먼 길을 이동했다. 네발로 오랜 시간 걸어야 했던 그들은 에너지 소비를 줄이기 위해 스스로 두 발로 걷기 시작했다. 보다 효과적으로 움직이고자 했던 인류의 조상은 4족 보행에서 2족 보행으로 진화하게 된 것이다. 인류의 시조 호모에렉투스의 뜻은 '자립형 인간'이란 뜻으로 화석에서 직립 보행의 증거를 찾을 수 있다.

숲에서 초원으로 내려와 두 발로 선 인류의 조상은 다른 동물들보다 빠르지도 않고 힘도 세지 않았다. 하지만 200만 년 전 호모에렉투스의 유골을 분석해보면 두뇌의 용적이 영장류보다 크고, 턱과 이빨이 발달되어 있는 것을 알 수 있다. 두뇌가 커지려면 단백질이 필요하다. 턱과 이빨이 발달하면 고기를 먹기에 적합하다. 이는 그들이 육식을 했다는 증거다. 하지만 활과 화살을 사용하기 시작한 시기는 고작 2만 년 전이고, 창을 사용한 것은 불과 20만 년 전이다. 어떻게 그보다 훨씬 전에 살던 인류가 사냥에 성공할 수 있었을까?

단서는 바로 인류의 몸에서 사라진 털에 있다. 인류의 시조 오스트랄로피테쿠스, 호모하빌리스는 온몸이 지금의 유인원처럼 털로 가득 덮여 있었다. 진화를 거듭하면서 직립 보행을 하게 되고 300만 년 전부터 체간을 덮고 있던 털이 사라지기 시작했다고 과학자들은 짐작한다. 호모에렉투스는 털이 거의 없었다고 보고된다. 점점 퇴화한 털은 결국 머리와 겨드랑이, 사타구니에만 남았다.

영국의 동물학자 데즈먼드 모리스Desmond Morris 와 미국의 진화생물학자 다니엘 리버만Daniel Liberman 은 인간이 다른 유인원이나 포유류와 다르게 몸에 털이 없어진 대신 무수한 땀구멍을 가졌기 때문에 체온을 자유롭게 조절할 수 있었다고 설명한다. 영양이나 개, 치타, 고릴라 등 온몸이 털로 덥힌 동물들은 폐와 호흡기를 통해 체온을 조절한다. 그래서 빠른 속도로 순식간에 이동할 수는 있지만, 그 이상의 거리를 달리다가는 체내 온도가 과열되어 열사병에 빠지고 만다. 강아지가 조금만 뛰어도 헉헉거리면서 혀를 내밀고 퍼져 있는 모습을 상상하면 이해가 빠를 것이다.

반면 무수한 땀구멍을 가진 인간은 지속적인 수분 배출을 통해 열을 손쉽게 발산한다. 털이 빠진 유인원은 다른 동물보다 빠르지 않지만, 땀이라는 쿨링시스템으로 체온을 조절하여 30km가 넘는 장거리를 달리는 데 적합해졌다. 아프리카 사바나 같은 초원의 한낮 기온은 30도 이상으로 끓어오르는데, 이때 인류는 영양과 같은 초식동물을 사냥하기 시작한다. 사냥을 시작하는 순간 동물은 무서운 스피드로 도망친다. 속도로는 그들을 따라잡지 못했던 우리 선조들은 떼를 지어 천천히 그들을 뒤쫓았다. 앞서 말했듯이 초식동물은 빠르게 도망가면서 체내 온도가 오르기 때문에 쉬었다 도망가다를 반복하게 된다. 반면 털 없는 인류의 선조는 쉬지 않고 사냥감을 몰아가며 뛰어간다. 그런 식으로 10~15km 정도의 거리를 추적하다 보면 고체온으로 탈진하여 쓰러져 죽어가는 먹잇감을 발견하게 되고 손쉽게 먹이를 습득한다. 인류의 후손 중에는 아직도 이러한 방식으로 사냥하는 종족이 남아 있다. 아프리카 원주민 중 칼라하리 지역에 사는 부시맨, 멕시코 시에라 협곡에 사는 타라후마라Tarahumara 족 모두 장거리 달리기를 이용한 사냥 방식으로 생존하고 있다.

인류는 생존을 위해 사냥했고, 사냥을 위해 진화했다. 그중 달리기는 사냥을 위한 최고의 기술이었으며 유일한 생존 기술로 우리 몸속에 남았다. 우리가 달리는 것은 본능이자 숙명이다. 실제로 길을 따라 달리다 보면 전투력과 같은 에너지가 채워지는 것을 느낀다. 인류가 달린 역사는 200만 년이 훌쩍 넘었고 인간은 그동안 또다시 진화했다. 이제 우리 각자는 의미를 찾아서 뛴다. 몸과 정신이 우리가 '호모 러너스쿠스'였음을 잊지 않고 있는 것이다.

지금, 대한민국은 러닝 붐!

　요즘 한강변을 지나가다 보면 젊은 2030세대들이 무리를 지어 달리는 모습을 흔히 볼 수 있다. 아침, 저녁으로 혼자 이어폰을 착용하고 공원이나 운동장을 뛰는 사람도 많다. 불과 5년 전 만 해도 달리는 사람은 이따금 한두 명 정도 눈에 띌 정도였고, 달리기나 마라톤을 즐기는 인구는 중·장년층에 주로 편중되어 있었다. 보기만 해도 숨이 차고, 힘들고 재미도 없을 것 같은 달리기를 많은 사람들이 시작한다. 지금, 대한민국에는 러닝 붐이 본격적으로 일고 있다. 우리는 왜 달리기에 열광하는 걸까?

　달리기는 인류 진화의 운명적인 산물이라고 이미 언급했다. 그후 언어라는 도구를 사용한 호모사피엔스는 몸집만 컸던 네안데르탈인

10km

을 단결의 힘으로 물리치며 신인류의 막을 열었다. 도구의 발명, 농업 혁명, 산업 혁명, 과학의 혁신 등 이루 말할 수 없는 눈부신 발전을 거듭했다. 45억 년의 지구 나이를 훌쩍 뛰어넘어 불과 몇천 년 만에 로봇, 무인 전기 차, 드론, 인공지능이 있는 새로운 최첨단 시대에 살게 되었다.

과학과 문명의 발전은 인간의 삶을 풍요롭고 윤택하게 만든 것은 사실이나 인류는 점점 책상, 컴퓨터, 핸드폰, 소파에 파묻히며 활동성을 잃어간다. 사회는 점점 세분화, 개인화되어 가고 인간은 수많은 경쟁과 스트레스 속에 살아간다. 인간적인 아날로그의 삶보다는 딱딱한 기계적 울타리 속에서 인류는 움직임을 잃어가고 신체적, 정신적 건강마저 잃어가고 있다.

아무도 이기지 않았지만
나는 누구에게도 지지 않았다
그 깨달음이 내 인생을 바꿨다
- 영화 〈아워 바디〉 중에서

영화 〈아워 바디〉의 주인공은 입시, 취업, 결혼 등 치열한 경쟁 속의 답답한 현실을 떠나 신발 끈을 매고 공원과 운동장을 달리기 시작한다. 오로지 숨소리와 발소리에 집중하며, 명상하듯 자신을 내려놓는다. 답답하고 복잡한 내면은 이내 고요해진다. 달리기는 누군가와 경쟁할 필요도 없다. 노력한 만큼 정직한 결과를 보여준다. 달리면서 희열을 찾고, 뛰고 난 후 성취감에 사로잡힌다. 말할 수 없는 상쾌함이 밀려오고 무엇이든 할 수 있을 것 같은 자신감으로 충만해진다.

달리기의 가장 큰 매력은 자기와의 대화이다. 숨 가쁘게 돌아가는 일상, 쏟아지는 정보의 홍수 속에서 우리는 스스로 고민하고 생각할 시간조차 잊고 살아가고 있다. 외부의 공급을 차단하고 땀을 흘리며 달리다 보면, 세상의 겉옷이 벗겨지고 심연에 숨어 있는 자신을 만나게 된다. 오늘 하루 느꼈던 좋지 않았던 감정이나 복잡하고 얽혀 있는 세상사에 대해 털어놓고 달릴 때, 문제는 나도 모르게 해결되어 있는 경우가 많다. 달리기는 삶에 지친 우리의 정신에 활력소를 불어넣어주고, 잃어버린 자아를 찾아주는 소중한 시간이다.

적절한 자기 범위 내에서 꾸준하게 달리기를 지속하면 심혈관과 폐의 기능이 좋아지고, 면역력이 강해지며, 관절과 척추가 건강해진다. 체중 감량과 항노화 효과가 있음은 물론이고 당뇨나 고지혈증 등의 만성 대사 질환의 치료에 효과적인 방법으로 수명 연장에도 도움을 준다. 우울증이나 불안증의 치료에도 크게 효과를 가져 오며 기억력, 인지기능이 향상된다. 이러한 신체적·정신적 건강에 미치는 영향은 이미 널리 알려져도 있고 과학적으로 많이 검증되었다.

달리기는 다른 운동처럼 특별한 장비가 필요 없고, 굳이 멀리 가지 않아도 되며, 여러 사람이 모여야 하는 것도 아니고, 날씨에도 크게 영향을 받지 않는다. 운동화 하나만 있으면 새벽이건 밤이건 언제나 달릴 수 있다. 대중교통으로 출근하고, 도심을 달리며 퇴근을 하는 방법으로 운동시간을 만들어 낼 수도 있다. 이토록 달리기는 간편하게 시작할 수도 있고, 의지에 따라 지속할 수 있다.

러너들의 이야기를 들어보면 운동 삼아 뛰는 사람, 다이어트 목적으로 뛰는 사람, 건강이 안 좋아 뛰는 사람, 기분 좋기 위해서 뛰는 사람, 고민이 많아 뛰는 사람, 목표가 생겨 뛰는 사람, 뛰는 게 삶이 되어 버린 사람 등 셀 수 없이 많은 이유로 러너들은 달리고 있다. 언제 어디서나 손쉽게 할 수 있으며, 노력한 만큼 정당한 대가가 쥐어지고, 근심과 고뇌를 털어버릴 수 있고, 자신의 건강을 최상으로 유지하며, 중력의 무게를 이겨내는 자유로운 행복감을 느낄 수 있는 달리기. 이러한 이유로 대한민국에서 달리기 붐이 일어나고 있다.

달리기의 선물, 체중 감량

체중 감량을 목표로 달리기를 시작한 건 아니지만, 러닝이 다이어트에 탁월하다는 것은 인정하지 않을 수 없다. 살이 빠지는 원리는 단순하다. 인풋과 아웃풋의 밸런스다. 들어가는 것(먹는 것)이 적고, 나가는 것(칼로리 소모)이 많으면 당연히 살은 빠진다. 그러나 다이어트하는 사람은 늘 선택의 기로에 선다. 덜먹을 것인가? 아니면 많이 먹고 칼로리를 더 많이 소모할 것인가?

체중 감량에 이보다 더 좋은 운동은 없다

당연한 소리지만, 하루에 섭취하는 총 칼로리보다 소모하는 칼로리가 크면 체중은 감소한다. 하루 동안 소모하는 칼로리는 대략 성인 남자 2,700kcal, 여성 2,000kcal로 알려져 있다. 정확한 수치를 구하려면 '기초 대사량×PAL(생활 패턴에 따른 지수: 1.2~2.4)+운동' 공식에 대입해 보고, 이를 토대로 입에 들어가는 모든 음식을 일일이 기록한 뒤 칼로리를 계산하면 된다. 이런 식으로 먹은 음식과 소모되는 에너지를 계산하면서 다이어트를 하는 것은 상당히 체계적이고 정밀한 작업이다.

계산법이 조금 복잡하다고 느낄지도 모르겠다. 쉽게 말해, 살을 빼고 싶다면 현재 유지하는 칼로리에서 하루 500kcal씩만 줄여나간다고 생각하자. 500kcal의 음식을 덜먹거나 지금보다 500kcal의 열량을 더 소비하면 되는 것이다. 하루에 500kcal씩 한 달이면 15,000kcal다. 이것은 체지방 2kg에 해당하는 열량이다. 먹는 것을 줄이기 힘들다면 하루에 500kcal 이상을 소모하는 운동을 매일 하면 된다. 그렇게 한 달간 지속하면 최소 2kg의 감량은 가능하다는 대략적인 산술이 나온다. 하루 1시간 정도의 가벼운 조깅으로 400~500kcal를 소모하고, 무산소 영역(최대심박수의 80% 이상)까지 자신의 최대치를 발휘하여 운동한다면 800~900kcal까지도 가능하다.

나에게 딱 맞는 달리기 속도는?

달리기의 다이어트 효과를 증명하기 위해 마라톤 대회를 준비하면서 체중 감량에 들어갔다. 평소 유지하던 75kg의 체중에서 10kg

을 감량하고 체지방을 10%로 낮춰 지방을 걷어냈다. 단백질과 샐러드 위주의 식단, 헬스와 같은 근육 운동을 병행했다. 이런 식으로 몸을 만드는데도 마지막까지 하복부와 옆구리 살은 끝까지 남아 저항한다. 이때 걷기보다 조금 빠른 속도로 러닝을 1시간 이상 지속하는 방법을 선택한다. 상·하복근과 코어의 힘에 집중하며 최대심박수의 60~70% 정도로 가볍게 달린다.

위 방법은 가벼운 운동 강도에서 중등도 강도로 산소를 이용하며 지방을 연소시키는 방법이다. 최대심박수의 50~80%까지가 유산소 운동 영역의 강도다. 최대심박수를 구하는 방법은 여러 가지가 있지만 220에서 자신의 나이를 빼는 공식이 쉽다. 지금 내 나이가 50이므로 최대심박수는 170이고, 최대심박수 50~80%의 범위는 85~136의 맥박수다.

운동할 때 심박계가 있는 시계를 착용하면 편하다. 만일 이런 기능이 없다면 운동하다가 잠시 10초간 요골동맥을 꽉 쥐고 맥박 수 측정 후 6을 곱하면 쉽게 구할 수 있다. 이러한 강도의 운동은 산소를 이용하여 몸속에 축적된 지방을 연소하고 에너지원으로 사용하게 된다.

달리기를 멈춘 뒤에도 살은 계속 빠진다

아주 빠르게 달려서 최대심박수의 80~90% 이상으로 달리게 되면 이때부터는 무산소 영역의 운동이 시작된다. 고강도 운동이기 때문에 지방 연소만으로는 한계점에 다다르게 되고 무산소 상태에서 강제로 당분을 태우고 에너지를 낸다. 에너지는 생성되지만 젖산이 축적되고 체액이 산성화된다. 운동이 끝난 후에는 소모한 열량을 회복시키고, 무산소 운동으로 생긴 노폐물을 제거하느라 상당량의 에너지를 또 사용한다. 이를 '애프터 번'이라고 하는데 운동이 끝나고 난 뒤에도 운동을 하고 있을 때처럼 열량이 계속 필요한 상태를 말한다. 다시 말하면 고강도 달리기는 운동 시에도 많은 칼로리를 소모하지만 운동이 끝난 다음에도 지속적으로 열량을 소비하는 효과가 있다. 천천히 오래 달리면 지방을 태우는 효과가 있고, 숨차게 빨리 뛰면 에너지 소모를 극대화시킨다는 말이다.

사실 긴 말이 필요 없다. 운동화 질끈 매고 일단 밖으로 나가 달려보기 바란다. 달리기의 다이어트 효과를 느껴보지 않고는 알 수가 없다. 걷는 것은 어떤가? 물론 걷기도 좋은 운동이다. 특히 뛰기 어려운 고령자나 관절염 환자에게는 적합하다. 하지만 달리기만큼의 칼로리 소모 효과를 내려면 훨씬 더 많은 시간을 걸어야 한다. 2시간을 걸을 것인가? 1시간을 뛸 것인가? 특별한 건강상의 문제가 없다면, 달리는 것이 바쁜 현대인에게는 더 효율적인 운동이다.

뛰면 무릎이 상하지 않을까?

"살 빼는 데는 달리기가 제일 좋습니다. 저는 매일 10km씩 뛰면서 마라톤 대회도 즐깁니다." 병원에서 다이어트가 필요한 환자들에게 자주 권하는 말이다. 그러면 한결같이 이런 질문이 돌아온다. "무릎은 괜찮으세요? 뛰면 도가니가 나간다고 하던데." "관절에 좋지 않은 운동을 왜 선생님께서 직접 하시나요?" 심지어 오랜만에 만나는 친구들까지도 걱정 어린 타박을 준다. "너 아직도 뛰니? 나중에 관절염 와서 고생해. 조심해라!"

실제로 처음 달리기를 시작하면 무릎 주변이 아픈 경우가 있기 때문에 이런 걱정들이 생길 수 있다. 무릎 앞쪽 통증(슬개대퇴동통증후군), 무릎 외측 통증(장경인대마찰증후군), 무릎 내측 통증(거위발건염), 오금 뒤 통증(햄스트링손상)이 나타날 수 있다. 이러한 무릎 주변의 통증은 그동안 달리지 않았기 때문에 몸이 아직 적응이 안 되어 발생하는 경우가 대부분이다. 간단히 말하면 몸이 뛰는 방법을 아직 모르는 것이라고 생각하면 된다. 근육의 사용법과 근력 증가, 유연성 증가, 달리는 방법을 순차적으로 터득하면 달리기와 연관된 통증을 해결할 수 있다.

달리면 관절염에 걸릴까?

달리면 관절염에 걸릴까? 결론부터 말하자면, 취미로 달리는 수준의 달리기는 관절염을 일으키지 않는다. 우선 달리기는 같은 방향을 일정한 패턴으로 움직이고, 급격한 방향 전환은 필요 없다. 전반적인 압력은 있어도 비틀거나 꼬이는 압력과 비교해 다칠 위험성은 적다는 이야기다. 상위 엘리트 남자 운동선수의 퇴행성 관절염 발생 빈도를 조사했던 미국 연구를 보면, 관절염은 비틀고 꼬이는 압력을 받는 축구선수에서 29%, 하중의 작용이 큰 역도선수에서 31%까지 발생했다고 한다. 하지만 장거리 엘리트 달리기선수는 14% 정도로 적게 나타났으며, 이는 60세 이상 미국 성인 남자의 유병률 10%와 큰 차이가 없다. 걸을 때와 달리 지면을 박차는 달리기는 무릎 관절에 가해지는 압력이 체중의 3배에서 많게는 9배까지 증가하지만, 다른 운동에 비해 관절염이 적게 발생하며 자연 노화로 발생하는 퇴행성 관절의 빈도와 큰 차이를 보이지 않는다.

마라톤 참가자들의 무릎은 어떨까?

마라톤을 무려 1,000번 이상 완주한 사람들의 무릎은 어떨까? 고려대학교 구로병원 정형외과 서승우 교수팀이 연구한 결과를 보면 그 답을 얻을 수 있다. 1,000회 이상 마라톤에 참가한 완주자 6명의 무릎을 일반 방사선 촬영과 MRI 촬영을 실시 후, 그 결과를 발표했다. 6명 모두에게 일반 X-Ray 사진상 관절염 변화를 찾기는 어려웠다. 정밀한 MRI 검사에서만 반월상 연골판과 연골에 조금의 변화는 있었으나(하단 가운데 사진), 이는 심한 퇴행성 변화라고는 볼 수 없고(하단 세 번째 사진) 나이가 들며 발생하는 자연적인 퇴행성 변화와 비슷한 변화였다.

그렇다면 달리기로 관절염을 예방할 수 있을까? '그렇다'라고 말하기에는 조금 무리가 있다. 아직까지 이에 관한 논문도 없고 전향적으로 진행되는 연구도 찾아보기 어렵다. 달리기로 관절이 더 좋아진다는 보장은 없으나 그렇다고 관절이 더 악화된다는 보고도 없다. 부상만 조심한다면 오히려 근력이 강해지고 심폐 능력이 좋아지기 때문에 장점이 많다.

취미생활 수준의 달리기는 무릎을 상하게 하지 않는다. 물론 과체중이나 고령으로 고민하는 사람들은 처음에는 빠른 걸음(러닝머신 기준 4~5km/hr, 최대심박수의 50~60%)으로 시작하는 것이 좋다. 관절염 환자라면 의사와 상담이 선행되어야 한다. 병원에 내원하는 환자들에게는 아프지 않은 범위 내에서 빠른 걸음으로 먼저 시작하

▶ 달리기와 관절염

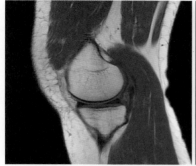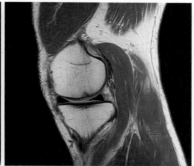

60세 성인 남자의 무릎 | 마라톤 1,000회 이상 완주자의 무릎

사진제공: 고려대학교 구로병원 정형외과 서승우 교수님

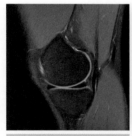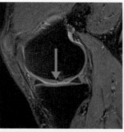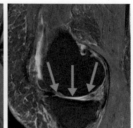

정상 MRI | 마라톤 1,000회 러너의 MRI | 퇴행성 관절염 환자의 MRI

게 하고, 괜찮다면 가벼운 조깅까지도 허용한다. 만약 통증이 심하게 발생하면 소염제 복용과 물리 치료를 병행하면서 수영이나 자전거로 전환하는 것이 바람직하다. 달리기 때문에 관절염을 걱정하기보다 정신적, 육체적으로 얻는 만족감을 느껴보길 바란다.

달릴수록 건강해지는 심폐기능

　우리 몸이 건강한지 약한지를 판단하는 가장 확실한 지표는 바로 심장과 폐의 기능이다. 심장은 머리부터 발끝까지 강하게 피를 뿜으며 전신에 돌린다. F1 레이싱 스포츠카의 부르릉거리는 엔진을 생각해보자. 심장은 자동차 엔진과 같은 기능이므로 활력적인 삶을 위한 첫 번째 조건이다.

　있는 힘껏 숨을 들이마셔도 가뿐하게 많은 양의 공기를 받아들일 수 있는 충분한 용적의 폐를 가졌는가? 그렇다면 물속을 누비는 마린보이가 부럽지 않다. 수영은 물론이고 계단을 오르내릴 때도 쉽게 지치지 않을 것이며 장시간 마스크를 끼고 활동해도 숨이 가쁘지 않을 것이다.

이처럼 심장과 폐의 기능은 일상생활에 매우 중요한 역할을 가진다. 평소 꾸준한 운동을 통해 심장과 폐를 강하게 만들어줘야 한다.

심폐기능 강화에 가장 적합한 운동은?

심폐기능을 강화하는 운동은 크게 무산소 운동과 유산소 운동으로 나뉜다. 무산소 운동은 웨이트 트레이닝처럼 산소 없이 몸속의 탄수화물을 연소시키며 짧은 시간 내 근육을 강화하는 운동법을 말한다. 유산소 운동은 지속적인 산소 흡입으로 탄수화물과 지방을 연소시키며 꾸준한 에너지로 장시간 움직이는 운동을 말한다.

심폐기능 발달에는 유산소 운동이 훨씬 효과가 높다. 유산소 운동으로는 일반적으로 수영, 자전거, 달리기를 꼽을 수 있다. 수영은 물속에서 팔다리와 심장이 수평이 되어 심장에 부담이 가장 덜하다. 그에 반면 달리기는 머리, 심장, 하체가 수직으로 놓이기 때문에 산소를 전신에 돌리기 위해 심장이 해야 하는 일이 가장 많은 운동이다. 자전거는 수영과 달리기의 중간 정도로 몸이 약간 비스듬하게 놓이므로 달리기보다 조금 수월하다. 그러므로 가장 대표적이면서 빠른 효과를 내는 운동이 바로 달리기다(물론 운동 강도에 따라 달리기는 무산소 운동의 효과를 같이 낼 수 있다).

달릴 때, 내 몸의 심장과 폐는?

뛰는 동안 심장은 전신에 피를 공급하기 위해 빠른 박동수로 움직이기 시작한다. 폐는 최대한의 산소 흡입을 위에 흉곽을 크게 하고 폐의 용적을 넓힌다. 심장박동수는 처음에는 빠르게 상승하나 운동을 오래하면 할수록 한 번에 짜줄 수 있는 심장 혈액 방출량이 증가하여 심장박동수가 줄어든다. 이렇게 심장 출력이 좋아지면 많은 양의 피를 전신으로 공급할 수 있다. 혈관 또한 많은 양의 혈액을 한 번에 받고 빨리 순환시키다 보니 자연스럽게 혈관 근육도 같이 발달하고 탄력도 증가하게 된다. 폐조직 또한 폐의 용적과 모세혈관을 늘려가고 산소와 이산화탄소의 교환 효율을 높인다.

이와 같이 심장 용적이 증가하고 혈관의 총 단면적이 증가하여 혈액순환이 잘된다는 것은 혈액 속에 들어 있는 산소, 영양원, 호르몬, 면역세포 등을 전신에 빠르게 공급하여, 이산화탄소나 신진대사 후의 노폐물, 몸에 좋지 않은 물질들을 제거할 수 있다는 의미다. 대뇌와 같은 신경조직이나 간, 콩팥 등의 장기부터 위장 기관, 근육과 골격, 피부 말초까지 혈액을 골고루 공급시켜 전신에 신선한 산소 샤워 효과와 에너지 대사를 원활하게 만드는 것은 신체 건강에 가장 근본적인 도움이다.

달리는 동안 수축하는 근육은 혈관내피세포 성장인자나 섬유아세포 성장인자와 같은 여러 가지 성장인자를 분비시킨다. 이러한 성장인자는 혈관의 내피세포를 생성하여 새로운 혈관을 만든다. 새로운 혈관 네트워크는 사지의 근육, 장기로 넓게 확산되며 특히 뇌의 각 부위가 물자 보급로에 가까워지게 한다. 뉴런들이 서로 연결되는 것을 도와 신경 재생을 돕기도 하며 뇌 건강에도 지대한 공헌을 한다.

　날씨가 화창하고 공기가 맑아진 날에 한껏 산소를 들이마시면서 힘차게 달려보자. 심장은 혈액을 돌리기 위해 쿵쾅쿵쾅 뛰기 시작하고 가슴은 산소를 마시기 위해 바빠지기 시작한다. 역기를 들고 알통을 키우듯이 심장도 일을 시키면 점점 강해진다. 그동안 축적한 노폐물이 빠져나가고 새로운 에너지가 합성되는 기분을 만끽할 수 있다. 달리기의 가장 큰 장점은 우리의 심장과 폐를 튼튼하게 하고 즐거움과 건강한 삶을 가져다주는 데 있다.

튼튼한 척추를 위한 달리기

달리기의 매력은 유산소 운동의 최고봉이자 무산소 운동 영역까지 확장 가능하다는 점이다.

앞서 언급했듯이 뛰면 심장이 강해지고 폐기능이 좋아지기 때문에 풍부한 산소와 많은 혈액을 전신에 활발하게 공급할 수 있다. 처음부터 무리하게 달리지 않고 적절한 주의와 관심만 기울인다면 달리기와 무릎 관절염은 큰 연관이 없다는 사실도 배웠다. 하지만 허리가 자주 아프거나, 허리 디스크 파열로 고생하는 사람, 허리 수술 후 만성 통증에 시달리는 사람, 뛰면서 허리가 아픈 사람에게는 달리기란 운동이 적합할지 궁금해진다.

"허리가 아픈데 뛰어도 되나요?"

일반적으로 달리기는 허리에 무리한 운동이라고 생각하는 경우가 많다. 우리가 뛰게 되면 발부터 전해오는 충격이 무릎부터 척추까지 이어지게 되기 때문이다. 하지만 흥미롭게도 달리기를 자주 즐겼던 사람들의 허리 디스크 두께가 더 두껍고, 디스크 수핵 내에 수분이 많다는 연구결과가 있다. 다시 말해 과한 압력은 허리에 무리일수 있지만, 적절한 압력은 오히려 허리인대, 근육, 디스크조직을 강화해준다는 것이다. 이는 적절한 체중 부하가 없을 때 골다공증이 쉽게 유발되는 원리와도 비슷하다. 이러한 이유로 통증이 조절되기 시작하면 오히려 걷기와 가볍게 뛰는 것을 권하는 의사들도 상당수 있다. 이쯤 되면 확실한 답이 필요하겠다.

달리기가 허리에 좋다는 것인가? 안 좋다는 것인가?

결론은 척추를 강하게 만들기 위해서는 달리기가 꼭 필요하다고 말하고 싶다. 물론 이례적으로 통증이 심할 때, 급성 디스크로 신경 증상이 있을 때, 허리 수술 직후, 자주 허리가 아픈데 진료를 받지 않은 때에는 권하지 않는다. 이런 시기는 병원을 찾아 치료하고, 약을 복용 후 안정을 취해야 한다. 하지만 급성 통증이 사라지기 시작하는 순간부터는 허리에 좋은 운동을 시작해야 한다. 이때 대부분 허리나 척추 강화 운동을 한다고 복부나 코어 주변의 근력 강화 운동을 가장 먼저 시행하는 경우가 있다. 하지만 허리나 척추가 약한 상태에서 큰 근육을 먼저 사용하는 복근 운동이나 허리 신전 운동을 시작하면 오히려 부작용이 일어나기 쉽다. 척추 주변에 작은 미세한 근육과 인대조직이 자리 잡지 않은 상태는 디스크 파열이나 인대 손상의 위험성이 높다. 작은 인대, 소근육, 평형 수용체, 고유 운동 감각 수용체를 건강하게 자극하고, 단련시키기 위해서는 걷기나 속보를 먼저 시작해야 하고, 허락되는 범위에서는 가벼운 조깅까지는 늘려나가도 좋다. 무리가 가지 않는 범위 내에서 적절한 자극은 근육과 인대조직, 신경조직의 성장에 도움이 된다.

올바른 달리기의 기초가 되는 강약 조절

그렇게 3개월 정도 단련하면 척추는 중력에 저항하며 올바른 자세가 되고 주변 조직도 조금씩 강해진다. 그때부터는 척추기립근, 복근 등의 코어 강화 운동을 시작하는 것이 좋다. 가벼운 조깅까지 가능했다면 이제부터는 거리도 늘리고 속도도 올리면서 한 시간 정도 러닝을 할 수 있는 몸을 만들어야 한다. 이때 통증이 다시 찾아올 때는 운동을 2일 정도 쉬었다가 다시 시작하는 것이 좋고, 주 3~4회 정도로 유지하는 것이 좋다.

여기서 또 궁금한 것이 생긴다. 이미 허리 시술을 받았거나 인대강화주사를 맞은 후에도 허리에 맞는 운동을 계속해야 할까? 답은 척추질환에 완치란 없다는 것이다. 늘 부단하게 노력하고 허리 건강을 지키지 않으면 수술한 부위에 또 디스크가 터질 수 있고, 없던 목 디스크도 생길 수 있다.

뛸 때 계속 허리가 아픈 사람은 어떻게 해야 할까?

처음 달리기를 접하는 사람 중에 허리 통증을 느끼는 사람이 많은데 대부분은 달리기를 위한 몸이 아직 만들어지지 않아서인 경우가 많다. 안 하던 축구를 갑자기 한 다음 날 허벅지 근육이 당기고 아픈 것과도 같은 이치다. 이런 경우 근육이 적응되도록 잘 풀어주고 스트레칭을 하면서 1~2일 정도 쉬었다가 다시 시작하면 웬만하면 극복된다. 또 하나의 이유는 달리는 자세다. 대부분 너무 과하게 허리를 활처럼 휘면서 오리 엉덩이를 만든다거나 구부정하게 앞으로 구부린 자세로 달린다. 트레이너나 러닝 고수에게 조금만 교정을 받는다면 이 또한 쉽게 극복되는 문제다.

나 역시 척추가 좋지 않아 상당히 오랜 기간 병마에 시달렸다. 경추 추간판 탈출증과 우측 상지 신경마비라는 척추 질병으로 수술할 날만 기다려야 했다. 선택의 여지가 없었다. 한번 뛰어보자고 결심했고, 그러자 놀라울 정도로 고통이 사라지고 근력도 좋아졌다. 지금까지도 수술 없이 건강한 척추와 올바른 자세를 유지하고 있다.

> ### ☑ 허리 통증이 있을 때 대처법
>
> 1. 급성 통증 시기에는 전문적인 진단과 치료에 의존한다.
> 2. 아프지 않으면 걷기, 빠른 걷기, 가볍게 달리기 순으로 운동을 점진적으로 확대해간다.
> 3. 3개월 정도 달리기가 몸에 익숙해지면 코어 근육 운동을 병행한다.

허리가 한번 아프고 나면 어떤 치료를 받아도 재발할 수 있다. 허리나 척추 통증 치료의 핵심은 통증 재발을 막고 올바르고 건강한 척추를 유지하는 데 있다. 이러한 역할을 하는 데 달리기만큼 꾸준히 도와줄 수 있는 동반자는 없다.

젊어지는 신비의 약

　살다 보니 어느덧 중년의 나이에 접어들었다. 나이에 맞게 세월이 흐르며 자연스레 늙어가는 모습을 당연하게 생각했다. 젊게 살고 싶은 생각은 있었지만, 외적으로 젊어 보이려고 특별히 노력하진 않았다. 하지만 최근 함께 달리는 러닝 그룹의 젊은 친구들은 보면 늙고 싶지 않은 욕망이 매우 크다는 것을 알게 되었다.

　의도하진 않았지만, 달리기를 꾸준히 하면서 젊은 친구들과 함께 운동해도 크게 위화감이 없다는 말을 들을 만큼 또래들에 비해 젊은 외모와 신체 감각을 유지하고 있다. 인류의 평균 수명은 선사 시대 20년, 중세 유럽 40년, 현재는 80년이다. 머지않아 100년을 훌쩍 넘길 것이다. 오래 사는 만큼 젊음을 유지하며 사는 것이 중요해졌다.

인간의 노화를 조종하는 텔로미어

인간의 노화를 관장하는 요소는 세포핵 염색체에 있는 텔로미어 Telomere 다. 텔로미어의 길이는 종에 따라서 다양한데, 효모는 300~600개의 염기쌍으로 이루어져 있고, 인간은 수 킬로 베이스(Kilobase, DNA 등 핵산 연쇄의 길이 단위)로 이루어져 있다.

텔로미어는 6개(인간의 경우)의 특이적인 DNA 염기서열이 수백에서 수천 번 반복되며, 염색체 말단에 위치하고 있어 세포가 분열할 때 염색체가 분해되는 것을 막아준다. 세포가 한 번 분열할 때마다 염색체 말단으로부터 50~200개의 텔로미어 DNA 뉴클레오 타이드를 잃어버리게 되는데, 텔로미어의 길이가 짧아질수록 세포가 노화된다는 것을 의미한다. 텔로머레이스 Telomerase 라는 효소는 텔로미어가 짧아지는 과정을 막아주는 항노화 효소라고 볼 수 있다. 간단히 정리하면 텔로미어의 길이가 길어지고, 텔로머레이스의 활성이 증가하면 건강한 노화가 이루어진다는 것이다.

달리기와 노화 예방

독일 라이프치히대 울리히 라우프스 Ulrich Laufs 교수가 이끄는 연구팀은 세 가지 유형의 운동이 이러한 텔로미어에 미치는 영향을 연구했다. 연구팀은 젊고 건강하지만 활동적이지 않았던 성인 266명을 대상으로 지구력 강화 운동(달리기), 고강도 운동(고강도와 저강도를 반복하는 인터벌 운동), 저항 운동(기구를 이용한 근력 운동)을 일주일에 3번, 45분씩 6개월간 시행하게 한 후, 참가자의 백혈구세포의 염색체에서 텔로미어 길이와 텔로미어 활성도를 관찰했다.

연구결과, 지구력 강화 운동(달리기)과 고강도 운동을 받은 참가자에서 텔로미어 길이가 증가했고 텔로머레이스의 활성은 2~3배 증가했다. 반면 저항 운동만 한 그룹에서는 이러한 변화가 관찰되지 않았다. 연구팀은 지구력 강화 운동과 고강도 운동은 텔로미어 길이와 텔로머레이스 활성을 증가시켜 노화를 예방한다는 것을 발견했으며, 이 결과는 유럽 심장 저널European Heart Journal 에 게재되었다.

또한 평균 40km 이상을 2년 이상 달린 사람들의 텔로미어 길이가 달리지 않는 사람들보다 길었고, 짧은 거리라도 매주 달리기를 한 사람들이 그렇지 않은 사람들보다 텔로미어 길이가 길다는 연구결과도 있다. 결국 달리기는 텔로미어 길이가 줄어드는 것을 막아주고 노화를 방지한다는 것이다.

2018년 미국 볼주립대학교 스코트 트랩Scott Trappe 박사는 50년 이상 정기적인 유산소 운동(달리기와 사이클)을 하며 건강하고 활동적인 삶을 지내고 있는 70대 남녀의 심장과 근골격계의 상태를 조사하는 연구를 진행했다. 그들의 심혈관계의 건강 상태는 30년이나 젊은 40대 전후의 심혈관계와 비슷한 건강 상태를 보였다고 한다. 더 놀라운 것은 근육의 조직 검사 결과는 25세의 젊은이와 비슷한 결과를 보여주었는데, 유산소 운동이 텔로미어의 길이뿐 아니라 다른 많은 경로와 기전을 통하여 노화를 막는다는 사실이 자명한 이치가 되고 있다.

노화를 막기 위해 항노화 음식과 스킨 케어에 몰두할 이유는 사라지고 있다. 직접적인 자외선만 잘 피해주면서 꾸준한 달리기로 몸과 마음을 가꿔간다면 100세 시대에 맞는 건강하고 행복한 노년의 삶이 보장된다.

면역력은 보너스

달리기는 심장의 힘을 키워 전신에 혈액을 빠르게 순환시킨다. 폐를 통해 공기 중의 박테리아나 바이러스 감염을 제거한다. 공격하는 백혈구, 포식세포, 림프세포가 포함되어 있는 혈액을 적극적으로 순환시키면서 방어 활동을 왕성하게 한다. 순환이 활성화되니 땀이나 소변으로 유해물질 배설이 용이해진다. 꾸준한 달리기는 끊임없이 변화하고 진화하는 바이러스나 박테리아의 공격으로부터 우리의 몸을 지킬 수 있는 방어벽을 만들어준다.

달리기를 하면 근육과 피부, 장기 등에서 열이 생성되어 최고 42도까지 오른다. 체온이 상승하고 몸이 산성화되면 체내에서 단백질 변성을 유발한다. 이때 우리 몸은 이를 막기 위해 열충격단백질을 발현시킨다. 열충격단백질은 단백질 구조를 안정화시키며 변성을 막고, 피로물질을 만들어내 체력 회복을 돕기도 하고, 통증완화물질인 엔돌핀 생성을 촉진한다. 또한 NK(면역)세포라는 림프구의 움직임을 활발히 만들어 항종양기능을 갖는 체내 인터페론의 합성량을 증가시켜 체내 면역력을 극대화시킨다. 이러한 이유로 체온이 1도가 올라갔을 때 면역력이 5배까지 올라간다고 말하기도 한다.

달리기는 두뇌에 어떤 영향을 줄까?

학창 시절에 공부를 본격적으로 시작하면서 학교 운동장, 축구 골대, 농구대와 멀어져야 했던 아픈 기억들이 떠오른다. 운동을 전공으로 선택하지 않으면 대학입시가 가까워질수록 정규 체육시간이 없어지고 자습이나 보충시간으로 그 시간을 메워야 했다. 그 당시 학교 체육시간이 아니면 방과 후 학원, 야자, 과외 등으로 몸을 움직일 시간이 거의 없었다. 운동량이 턱없이 부족했던 것이다. 과연 공부에 집중하려면 운동을 멀리해야만 하는 것일까?

아침마다 전력 질주하는 학생들
미국 시카고 네이퍼빌 센트럴고등학교에는 필 롤러라는 체육교사가 제안한 0교시 수업이 있다. 학교는 학생들에게 400m 트랙을 최대심박수의 80~90%에 가깝게 전력 질주를 시키고 본 수업을 시작했다. 격렬한 운동으로 학생들의 두뇌를 깨운 후 교실로 들여보낸다는 취지에서 만들어진 이 프로그램은 학생들의 읽기 능력과 문장 이해력에 커다란 향상을 가져왔다. 이러한 결과는 네이퍼빌 203학군의 초·중·고교로 확대되었고, 1999년 38개국 23만 명이 참가하는 팀스TIMSS 테스트에서 네이퍼빌 학생들이 과학에서 1등, 수학에서는 6등을 차지하는 놀라운 결과를 보여 줬다.

기억이 증가하고 뇌 활동이 왕성해진다는 것은 뇌와 같은 신경조직의 기본 단위인 뉴런 간의 연결이 치밀해지고 강해진다는 뜻이다. 운동으로 분비가 촉진되는 신경세포 성장인자는 이러한 신경조직(뉴런)을 자라나게 하고 단단히 결속시킨다. 이들은 신체기능을 강화하고 성장을 촉진하며 세포의 소멸을 늦추게 하는 효과가 있다. 이런 효과는 세포 차원에서도 이루어지지만 뇌의 해마조직에서도 왕성하게 일어난다. 확장되고 강화된 뇌조직은 새로운 지식을 습득하는 데 용이하다. 체육수업이 학습에 사용되는 세포를 만들어주고, 다른 과목 수업이 기존 네트워크와 융합하는 데 필요한 자극을 주는 것이다.

운동하는 사람의 뇌는 젊다

우리 뇌는 45세부터 늙기 시작하는 것으로 알려져 있다. 노화는 자연스러운 현상이지만 인간에게는 치명적인 심신의 붕괴로 다가온다. 신체를 이루는 세포가 노화되면 자유라디칼에 의해 세포 내에 열화 분자가 축적된다. 그러면 유전 정보 전사(복사)와 번역이 오작동하며, 세포의 대사산물에 의한 대사가 저해되고, 세포 표면 변화와 결합의 약화, 세포 내 DNA가 손상된다.

또한 뇌세포가 노화되면 시냅스 파괴 속도가 생산 속도보다 빠르게 일어난다. 시냅스가 부식되어 신경세포와 연결이 끊어진다. 그렇게 신체 활동량이 줄어들면서 심장기능이 약해지면 전신으로 혈액이 충분히 공급되지 못한다. 그러면 모세혈관이 줄어들고 수상돌기도 오그라든다. 노화의 진행에 따라 신경세포 성장인자, 혈관내피세포 성장인자가 줄어들고 신경전달물질인 도파민의 생성도 둔화된다.

이러한 뇌세포 노화와 부위에 따라 발생하는 뇌세포 파괴는 다양한 정신적, 신체적 문제를 발생시킨다. 특히 최고의 인지기능을 담당하는 전전두엽의 피질에 이상이 오면 복잡한 동작보다는 단추를 끼워 옷을 입거나 신발 끈을 묶는 아주 단순한 행동부터 이상이 온다. 측두엽은 해마와 연결되어 있는 부위인데, 이곳이 위축되면 장기 기억에 이상이 생긴다.

노화로 인한 뇌손상은 파킨슨병부터 치매까지 광범위하게 나타난다. 그중에서도 치매는 심장병, 암, 뇌졸중에 이어 4대 주요 사인으로 불릴 정도로 중대한 질환이다.

국제학술지 〈뇌 가소성 학회지 Brain Plasticity〉의 2018년 12월호에 발표된 캐나다의 로라 베치오 Laura Vecchio 교수팀의 실험이 흥미롭다. 쥐들을 대상으로 쳇바퀴 돌리기, 러닝머신 등의 운동을 시킨 이후 쥐를 해부하고 혈액 검사를 진행했다. 그 결과 운동을 한 쥐의 뇌에는 혈관 벽을 구성하는 내피세포가 운동을 하지 않은 쥐들보다 5배 가량 촘촘하게 형성되어 있었고, 뇌성장호르몬BDNF이 실험 전에 비해 30% 가량 증가했다. MRI를 통해 뇌의 혈류량을 비교한 결과 운동을 한 쥐의 뇌가 더 붉은 양상을 띠는 것을 확인했다.

아서 크레이머Arthur F. Kramer가 이끄는 연구진은 운동을 하지 않은 60~79세의 성인을 두 그룹으로 나누어 한 그룹에게만 6개월간 일주일에 3번, 한 시간씩 걷기부터 시작하여 점차 빠르게 달리는 운동을 시켰다. 6개월 뒤 측정한 그들의 폐활량은 16%나 늘었고, 이후에 촬영한 머리 MRI에서는 전두엽과 측두엽의 크기가 최소 2~3년은 젊은 사람의 뇌처럼 보였다.

이처럼 달리기와 같은 유산소 운동은 뇌세포의 혈류량을 증가시키고, 대사율을 적절하게 조절하며, 신경 재생과 신경세포의 활동을 촉진한다. 그리고 뇌세포에 적절한 강도의 스트레스를 제공하여 뇌세포 간 연결을 촉진하고 성장을 도모한다.

치매 예방을 위한 달리기

치매의 원인 중 하나로 알려져 있는 알츠하이머병은 아포리포단백질 E4 변이와 관련되어 있고, 알츠하이머병을 앓고 있는 부모 또는 형제가 있다면, 그렇지 않은 경우에 비해 3.5배 정도 이 질환에 걸릴 가능성이 높아지는 것으로 알려져 있다. 하지만 아포리포단백질 E4 변이 유전자를 지녔어도 일주일에 두 번 운동을 한 사람들이 치매에 걸린 확률이 50%나 낮아졌다는 핀란드의 인구집단 연구결과는 상당히 고무적인 일이다.

나이가 들수록 우리가 할 수 있는 일은 제한된다. 그렇더라도 뇌에 가장 최적의 상태를 제공하려고 노력해야 한다. 걷기, 달리기, 수영, 자전거와 같은 유산소 운동과 끊임없이 생각하고 암기하는 인지기억 운동이 병행될 때 치매와 같은 무서운 중증 질환도 충분히 예방될 수 있다.

우울한 기분은 달리면서 날리자

우리나라의 우울증 환자는 갈수록 늘어나는 추세다. 21세기 주요 질병의 첫 번째로 꼽히는 것이 바로 우울증이다.

우울증은 '마음의 감기'로 불린다. 정신과 의사 알렉산더 니쿨레스쿠Alexander B Niculescu 는 우울증을 "희망이 없는 환경에서 자원을 보존하려는 생존본능"이라고 해석한다. 꼼짝 않고 있음으로써 위험 상황을 피하려는 것으로 일종의 동면이나 마찬가지다. 감정 상태가 겨울처럼 냉랭해지면 몸의 신경물질이 가만히 있으라고 명령을 내린다. 우울증은 학습능력과 집중력, 활기와 의욕을 떨어뜨리고 잠자려는 욕구, 식욕과 성욕, 자신을 잘 돌보려는 기본적 생존 욕구를 걷어차기 때문에 극단적인 상황이 발생하기도 한다.

우울증에 가장 효과적인 치료제는?

우울증 치료로 항우울제 약물 치료, 정신 치료, 인지행동 치료, 광선 치료, 자기자극 치료 등이 있고 그중 항우울제 치료 효과가 가장 크다. 최근 들어 운동에 대한 관심이 높아지면서 우울증 치료에 운동 치료가 사용되기도 한다. 우울증의 가장 큰 특징은 '움직임 없음, 멈춤'인데, 달리기는 그 반대다. 뇌에 작용하는 방식도 정확히 반대다. 우울증은 뇌 연결의 단절이자, 세포 재생 문제다. 비유하자면 뇌에 일종의 자물쇠가 채워져 있는 것이다. 그런데 달리기는 뇌에 스파크를 일으켜 잠겨 있던 자물쇠를 열어버리는 효과를 발휘한다.

운동은 우울증 원인으로 꼽히는 노르에피네프린, 도파민, 세로토닌, 신경세포 성장인자 등 전전두엽 피질의 모든 화학물질을 조절한다. 항우울제처럼 한 가지만 선별하여 공략하지 않고, 뇌 전체의 화학 작용을 조절하여 균형을 원활하게 하는 데 도움을 준다.

약물과 운동 치료의 놀라운 시너지

미국 심리학자 제임스 블루멘솔James Alan Blumenthal은 우울증 환자 156명을 대상으로 16주간 항우울제와 운동 효과(걷기와 달리기)를 비교했다. 이를 통해 운동이 항우울제 졸로프트만큼 효과가 있다는 것을 밝혔고 장기적으로 보았을 때는 꾸준한 운동을 약물 치료와 병행하면 재발 가능성까지 낮출 수 있다는 연구결과를 발표하였다.

2006년 텍사스대학교 사우스웨스턴 메디컬센터의 마드카르 트리베디Madhukar Trivedi는 항우울제에 저항을 보였던 환자 17명을 12주간 운동을 시켰더니 17점 만점인 우울증 테스트에서 10.4점을 얻으며 우울 증세가 호전되었다는 놀라운 결과도 발표하였다. 이 두 연구결과는 운동 치료가 우울증 치료에 있어 약물 치료만큼 효과를 나타냈고, 약물에 반응하지 않는 우울증에도 좋은 효과를 기대를 할 수 있다는 메시지를 던진다.

미국 하버드 의대 존 레이티John Ratey 교수는 남들이 부러워하는 직업을 가졌음에도 우울증과 ADHD(주의력 결핍과잉행동장애) 초기 증상에 시달렸다. 그는 치료를 위해 달리기를 시작했다. 그 결과 우울증 치료는 물론 자신의 경험과 다양한 실험결과를 합쳐서 《운동화 신은 뇌》라는 단행본도 발간했고, 이 책은 발간과 동시에 베스트셀러가 되었다. 레이티 교수는 자신의 경험을 바탕으로 "우울증이 삶에서도 뇌세포에서도 연결선이 부식된 상태라면, 운동은 그 연결선을 다시 설치하는 행위"라고 강조한다.

우울증 환자의 놀라운 변화

몇 년 전 친한 정신과 선배님에게 우울증 환자이며 허리 디스크 환자인데 달리기가 가능하냐는 자문이 들어왔다. 환자를 진료해보니 디스크 급성 증상도 없고 다만 허리 근육이 약한 상태라서 달릴 때 허리에 조금씩 부담을 느끼는 정도였다. 내가 심한 목 디스크로 얼마나 고생했는지, 여태껏 어떻게 운동량을 늘려가며 마라톤을 할 수 있었는지, 자세하게 설명하고 달리기의 운동 효과를 진심을 다해 설명해드렸다. 일 년이 지났을까? 어느 날 달리기 모임에서 우연히 만난 환자분은 80kg 가까이 되었던 육중한 몸에서 호리호리한 근육질의 서브 3주자로 변해 있었다. 소극적이고 불안해했던 모습은 사라지고, 자신감을 회복하고 여러 러너들을 리드하며 앞장 서서 달리고 있었다.

실제로 우울증은 단지 우울감으로만 진단되지 않고 여러 가지 증상의 복합체로 진단된다. 현대 의학에서는 중등도 이상의 우울증 치료는 항우울제 복용이 가장 효과적으로 증명되어 있다. 항우울제 복용으로 증상이 호전되고, 달리기를 병행할 수 있다면 치료와 재발 방지 측면에서 달리기는 그 어떤 치료보다도 효율적이다.

100세 시대, 생활 패턴을 바꾸자

　50대에 접어들고 나니 동창이나 대학 동기들을 만나면 49세 때와는 다른 새로운 주제의 대화가 생긴다. 과연 몇 살까지 활력 있고 의미 있게 살 수 있을지, 혹은 인생을 즐길 수 있는 시간은 몇 년이나 남았을지와 같은 이야기다. 과학과 의술이 발달하면서 이제는 100세 근처까지 무난히 살 수 있을 것이라는 전망이 있다.

　하지만 홀로 활동이 가능하고 아프지 않으면서 제정신으로 생활할 수 있는 건강 나이에 대해서는 20~25년 정도밖에 남지 않았다고 친구들은 씁쓸한 결론을 내리고 만다. 그렇다면 남은 20년을 어떻게 살 것인가? 그저 흘러가는 대로 노년을 맞이하고 싶은 것인가?

　이런 대화가 나올 때마다 내 생각은 언제나 다르다. 물론 살다 보면 여러 가지 삶의 변수가 생길 수 있다. 그렇지만 앞으로 남은 20년이 아닌, 50년 건강을 위해 지금부터 우리는 꾸준히 준비해야 한다고 생각한다. 바로 신체와 정신을 부지런히 움직이는 활동을 지속하는 일이다. 그중에서도 달리기는 가장 그 효력이 강한 운동이다.

건강하게 늙기 위한 현대인의 변화

달리기와 같은 유산소 운동에 흥미가 생기고 재미가 붙으면 생활 습관이 자연적으로 개선될 수밖에 없다. 주 2~3회도 버겁던 운동을 매일 밥 먹듯이 하게 되고 자연스레 몸에 좋은 것만 찾게 된다. 운동을 하다 보면 스스로 술과 담배를 멀리한다. 동시에 몸에 좋은 음식을 찾아 소식하는 습관이 생긴다. 게다가 땀을 많이 내는 운동은 후각을 상당히 민감하게 하므로 자신의 구강 상태와 신체 청결에 관심을 갖게 된다.

보통 은퇴를 할 시점에, 사람들은 스스로 너무 열심히 일했고 이제는 충분히 즐길 자격이 있다고 생각한다. 맛있는 음식을 마음껏 먹기 시작하고 움직임보다는 편안함을 추구한다. 점점 배가 나오고 머리는 희끗해지고 팔다리는 가늘어지는 게 당연하다고만 생각한다. 하지만 100세를 살아야 하는 시점에 우리는 너무나 빨리 현실에 안주하는 것이 아닐까?

건강하고 활동적인 노년을 맞이하기 위해서는 지금부터 하루 세 끼 양껏 먹는 밥 대신 세 번 운동으로 심신을 단련해야 한다. 달리기

뿐 아니라 걷기, 수영, 자전거, 헬스 등 어떠한 운동이라도 좋다. 하루라도 먼저 시작하면 1년이라도 더 정정하고 건강한 100세 시대를 맞이할 수 있다.

Part.2

20km

'건강한'
달리기를
위하여

나는 어떤 러너일까?

지피지기면 백전백승이다!

달리기를 알지 못하는 사람을 일명 '달알못'이라고 부른다. 달리기를 잊고 사는 현대인들이 이에 해당한다.

달알못의 껍질은 우연히 깨지기도 하지만, 의도적으로 누군가가 깨뜨리기도 한다. 달리기는 인간의 본능이다. 이것이 살아나면 처음엔 즐겁게 달리는 런린이(러닝+어린이)가 된다. 그렇게 중력을 거스르는 매력에 점점 빠져들면 달리기를 위한 근육도 생겨나고 심폐지구력도 강해지는 '달림이'의 단계까지 발전한다.

• 러너에게도 등급이 있다

《마라톤》의 저자 제프 겔러웨이Jeff Galloway 는 러너를 아래와 같이 5단계로 구분한다.

☑ 제프 겔러웨이의 러너 구분

1. **초보자**Begginner : 처음 달리기를 시작하는 사람
2. **조거**Jogger : 달리는 매력에 빠져서 거의 매일 달리기를 해야 하는 상태
3. **경쟁자**Competitor : 남보다 빨리 달리고 싶고, 대회에서도 좋은 성적을 거두고 싶은 경쟁심에 강박 관념까지 지니는 상태
4. **선수**Athlete : 자신이 올라갈 수 있는 최고의 단계
5. **러너**Runner : 단계 중 최고 레벨. 달리기로 행복하고 만족스러운 삶을 사는 단계

제프 겔러웨이는 '러너'를 달리기의 모든 것을 뛰어넘은 최고의 경지로 구분한다. 우리가 생각하는 러너와는 사뭇 차원이 다르다.

• 다양하고 주관적인 러너의 분류

달리기를 연구하고 관련 논문을 쓸 때는 다음과 같은 간단한 분류를 사용한다.

1. 초심자Novice Runner
2. 취미러너Recreational Runner
3. 선수Athlete

한편, 내가 생각하는 러너의 분류는 다음과 같다.

- 레벨 1-초심자, 조깅, 런린이: 달리기를 처음 시작하거나 5~ 10km 정도의 거리를 속도에 연연하지 않고 즐기는 사람
- 레벨 2-펀 러너, 달림이: 10km·하프마라톤까지 참여할 정도가 되며 달리기에 대한 이해가 높은 사람
- 레벨 3-경쟁적 러너, 엘리트선수: 기록과 도전을 목표로 달리기의 극한을 이겨내는 사람

물론 이런 분류에 정답은 없다. 다만 이 분류는 어떠한 집단을 이해하고 설명하기 위함이다. 높은 그룹, 레벨에 속했다고 해서 달리기의 속도는 빠를 수 있겠지만, 제프 겔러웨이가 말하는 러너의 5단계에 이른 것은 아니다.

당신은 왜 달리려고 하는가?
목적 있는 달리기

나에게 맞는 달리기 강도를 구하는 방법은?

운동이 세다, 약하다, 적당하다. 이를 어떻게 판단해야 할까?

어떤 사람은 1시간 정도 쉬지 않고 달렸을 때, 어떤 사람은 30분 이상 산책했을 때, 어떤 사람은 근육 운동만 했을 때, 오늘 운동은 강도가 세고 힘들었다고 말한다. 다분히 주관적이다. 그러니 알맞은 운동 강도를 설정하고 계획을 세우려면 마땅한 기준이 필요하다.

일반적으로 운동 강도가 높아지면 소비되는 체내 산소 섭취량이 많아진다. 운동이 힘들어 헐떡거리면서 숨차하는 모습을 상상하면 된다. 그러므로 최대산소섭취량(VO2 max)을 측정하면 신체 에너지가 얼마나 대사되고 있는지 알 수 있다. 하지만 최대산소섭취량을 측정하려면 크고 복잡한 장비가 필요하다. 아니면 실험실이나 스포츠 의학 연구실을 방문해야 한다. 그러나 매번 방문하여 최대산소섭취량을 측정하기는 현실적으로 불가능하다. 그런 이유로 좀 더 측정하기 쉬운 분당 심장박동수, 즉 심박수를 대체 사용한다. 심박수를 이용해서 운동 강도를 표현할 때 이렇게 말하는 경우가 많다.

"최대심박수의 70~80%의 강도로 운동하세요."

여기서 최대심박수란 운동 강도가 높아져도 더 이상 오르지 않는 심박수를 말한다. 천천히 뛰다가 전력을 다해 달려도 더는 올라가지 않는 심박수 마지노선이다. 최대심박수는 운동을 규칙적으로 하지 않으면 20세 이후부터 일 년에 1회 정도 감소한다. 지속적으로 운동하면 최대심박수는 더디게 감소하며 수년간 유지된다. 하지만 최대심박수 역시 직접 측정하려면 운동 부하 검사를 시행해야 한다. 이러한 검사의 복잡성과 어려움 때문에 보통 다음과 같은 3가지 방식을 사용한다.

☑ 최대심박수 간단히 알아보기

1. 220 − 본인 나이 = 최대심박수
2. 209 − (0.7×나이) = 최대심박수
3. 남성 운동선수 = 202 − (0.55×나이) = 최대심박수
   여성 운동선수 = 216 − (1.09×나이) = 최대심박수

이는 일반적으로 많이 사용하는 첫 번째 방식이다. 나의(남성, 50세) 최대심박수를 구해보면 220-50(나이)=170, 즉 170회가 최대심박수가 된다. 최대심박수의 70~80% 강도로 운동하라는 처방은 170(최대심박수)에 0.7~0.8을 곱하면 쉽게 구해진다. 그 범위는 119~136회다. 이렇게 나온 심박수 구간은 운동할 때 타깃으로 삼는 목표심박수라고 말하기도 한다. 분당 맥박수 측정은 10초간 맥박수를 측정한 후 6을 곱하거나, 웨어러블 디바이스를 착용하여 쉽게 측정할 수 있다.

• 측정 오류를 줄이려면?

운동을 많이 하지 않던 사람이라면 운동 강도를 설정할 때 위 설명대로 간단히 목표심박수를 구하면 된다. 하지만 유산소 운동을 많이 하는 사람의 경우 심장 근육이 단련되고 용적도 증가한다. 이때 한번 심장박동으로 짜줄 수 있는 혈액도 증가하며 안정시심박수가 감소한다. 일반인의 안정시심박수는 분당 60~85회 정도인데 반해, 달리기선수나 수영선수, 운동을 많이 한 일반인의 안정시심박수는 분당 30~50회로 낮아진다. 이런 경우 목표심박수를 설정할 때 아래와 같은 여유심박수를 이용한 카르보넨 공식을 사용해야 오류를 줄일 수 있다.

처음 달리기를 접할 때 발생하는 가장 큰 오류는 달리는 속도나 거리에 집착하는 데 있다. 자기 맥박수를 알고 그것을 바탕으로 최대 심박수를 구한 후 그것으로 몇 퍼센트 범위에서 운동할지를 결정하는 습관이 중요하다. 한 시간에 6km를 갈 수 있는 속도, 즉 6km/hr 에서 자신의 목표심박수에 이르렀다면 그것이 자신에게 맞는 강도인 것이다. 달리기는 남과의 비교가 아닌 어제보다 나은 나를 만드는 데 있다는 것을 잊지 말아야 한다.

유산소 운동과 무산소 운동! 달리기는 어느 쪽?

달리기는 대표적인 유산소 운동이다. 반대로 웨이트 트레이닝은 무산소 운동이다. 이 두 가지 운동은 어떻게 다를까? 이에 대한 설명을 위해서는 운동의 종류, 강도, 시간, 산소 유무, 에너지원, 에너지 연소시스템에 대한 이해가 필요하다.

• **근육을 움직이는 시스템**

운동은 근육을 움직이는 일로 시작된다. 근육이 움직인다는 것은 근육이 수축을 일으킨다는 뜻이다. 근육을 수축시키는 데는 그에 상응하는 에너지가 필요하다. 가장 먼저 사용되는 1차 에너지원은 ATP(아데노신 3인산)가 ADP(아데노신 2인산)로 변하면서 생성되는데, 그 힘으로 근육은 수축한다. 상시 대기 중인 ATP는 아주 짧은 순간, 몇 초 정도 근육을 수축시킬 수 있다. 이 소량의 ATP가 다 소진되면 사용된 ADP를 다시 ATP로 돌려놓거나, 따로 ATP를 다량 공급받아야만 근육은 운동을 지속할 수가 있다.

• 유산소 운동 vs 무산소 운동

근육은 무산소 영역(산소를 아직 사용하지 않는 단계)에서는 먼저 ATP-PC시스템(인원질)을 활용한다. 이 시스템은 근육 내 크레아틴 인산을 이용하여 사용된 ADP를 다시 ATP로 돌려놓는 방법으로 에너지를 제공한다. 이 ATP-PC시스템은 힘은 크지만 크레아틴 인산이 쉽게 고갈되기 때문에 8~10초 정도만 작동할 수 있다. 점핑, 스윙, 킥킹 등 순간적인 운동을 할 때나, 최대한 파워를 올리며 덤벨을 10회 정도 드는 데 사용된다.

유산소 영역에서는 폐로 흡입한 충분한 산소를 사용한 해당작용과 TCA 크렙스 회로, Krebs Cycle 및 전자수송시스템 ETS, The Electron Trasnport Sysytem 을 이용하여 ATP를 생성한다. 산소가 있을 때 체내에 저장된 글루코스는 이산화탄소와 물로 완전히 분해되면서 38분자의 ATP를 생성한다. 무산소 운동보다 에너지 출력은 낮지만, 장시간 에너지를 낼 수 있다. 우리가 편하게 호흡하면서 가볍게 즐기는 에어로 빅, 조깅이 여기에 해당한다.

• 운동을 지속시키는 또 다른 에너지

무산소 운동에서 유산소 운동으로 전환될 때 혹은 무산소 운동 이후 산소가 아직 충분히 공급되지 않은 상태에서 지속적인 운동이 필요할 때, 그리고 유산소 운동 중에 운동 강도가 너무 강하여 유산소 경로만을 가지고는 ATP를 생성할 수 없는 경우 신체는 또 다른 방법인 젖산시스템을 활용한다. 이는 산소가 부족한 상태에서 당분을 젖산으로 바꾸면서 생기는 에너지로, ADP를 ATP로 돌려놓는다. 무산소 운동 영역에 해당하는 이 에너지는 글루코스를 강제로 연소시키며 에너지를 얻는다. 응급 처방과도 같은 효과가 있지만, 불완전 연소기 때문에 젖산이 축적되고 체액이 산성화된다.

• 유산소와 무산소를 넘나드는 달리기

정리하면 무산소 대사 경로에는 ATP-PC와 젖산시스템, 유산소 대사 경로는 글리코겐, 유산소 대사(TCA, ETS), 지방 대사 과정으로 나눌 수 있다. 결국 에너지를 낼 때 산소를 사용하느냐, 하지 않았느냐의 차이다. 우리가 어떠한 운동을 하게 되면 유산소면 유산소, 무산소면 무산소라는 한 가지 경로만 사용되는 것이 아니라 대부분 동시에 사용하게 된다는 것을 알아야 한다. 다만 어떠한 대사를 주로 사용하느냐에 따라 유산소성 운동, 무산소성 운동으로 분류되는 것이다.

달리기를 예로 들자. 일반적으로 가벼운 조깅, 최대심박수의 65% 정도로 달릴 때 주로 유산소성 대사를 이용하게 된다. 그러다가 갑자기 스피드를 올리거나, 오르막 경사를 만나 최대심박수의 85%까지 끌어올리는 달리기를 하면 더 이상 유산소만으로는 감당이 되지 않기 때문에 무산소 대사(젖산 대사)를 하게 된다. 반대로 150kg 벤치프레스를 들 수 있는 헬스 트레이너가 빈 바를 이용하여 5분간 지속적으로 벤치프레스를 시행했을 때는 주로 유산소성 대사 경로를 이용한다. 그러다가 고중량을 딱 10회 정도 힘차게 들 때는 무산소 대

최대심박수 대비 훈련 강도 에너지시스템

1대역 (50~60%)	2대역 (60~70%)	3대역 (70~80%):	4대역 (80~90%):	5대역 (90~100%):
워밍업 및 회복 유산소 위주 빠른 걷기	일반적 지구력 유산소 느린 달리기	고강도 지구력 유산소 달리기	젖산역치 대역 ATP-PC 젖산 위주 빠른 달리기	무산소 훈련 ATP-PC 젖산 위주 전력 달리기

사를 이용하여 운동하는 것이다.

이렇듯 무산소 운동이냐, 유산소 운동이냐는 운동 고유의 성격일 수도 있지만, 본인의 능력과 체력에 따라 달라진다. 한 종목의 운동이라도 강도가 중요한 이유가 여기 있다. 달리기가 대표적인 유산소 운동이라 할지라도 운동 강도가 강해지면 무산소 운동으로 변할 수 있다는 점을 기억해야 한다. 그래서 운동을 조금 더 전문적으로 하게 되면 자신의 안정시심박수, 최대심박수, 운동 시 목표심박수를 늘 체크하고 그것에 맞는 운동 강도를 설정하는 습관을 갖는 것이 중요하다. 나보다 빠른 주자를 따라잡거나 더 먼 거리를 달리고 싶은 마음은 잠시 내려놓고 자신의 심박수에 맞는 속도와 거리를 선택하는 것이 좋다.

지방을 태우는 달리기

유산소 운동을 30분 이상 지속해야 지방이 타기 시작할까? 과연 가볍게 뛰거나 걷기 같은 운동으로 지방을 태울 수 있을까?

달리기의 목적은 여러 가지다. 그중에서도 달리기로 어떻게 살을 빼는지, 보기 싫은 지방은 언제부터 연소되는지 궁금해하는 사람이 많다. 에너지 과잉 시대에 사는 현대인들이 지방을 효율적으로 태우려면 어떻게 해야 할까?

• 지방과 운동의 상관관계

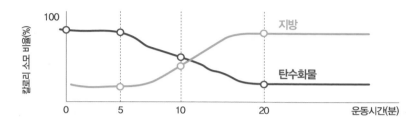

위 그래프를 들여다 보면 운동시간이 10분을 지나가면서 지방의 연소가 상승하고 20분부터는 정점에 이른다. 반대로 탄수화물 대사는 초반에 많이 사용되지만, 시간이 지날수록 점차 감소하는 모양을 보여준다. 위 그래프는 지방을 연소시키려면 적어도 20~30분 이상 유산소 운동을 지속해야 효과가 있음을 보여준다.

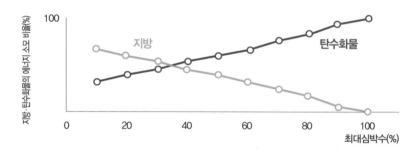

최대심박수 대비(%)	에너지시스템	지방 연소율(%)	단백질 연소(%)	총 열량(Kcal/hr)	운동
90–100	ATP–PC 시스템, 젖산회로	10–15	5	–	전력 달리기
80–90		10–20		–	빠른 달리기
70–80	유산소 위주	40–60		660	달리기
60–70		50–70		480	느린 달리기
50–60		70–86		320	빠른 걷기

위 그래프를 보면 운동 강도가 낮을 때는 지방을 연소하여 몸의 에너지원으로 사용한다. 반면 점차 운동 강도가 강해지면 우리 몸은 지방보다는 탄수화물을 주 에너지원으로 사용한다. 최대심박수의 50~60% 범위의 빠른 걷기나 최대심박수의 60~70%의 느린 달리기에서 지방 연소율이 상대적으로 높게 나타났다.

위 두 개의 그래프를 살펴보면 다음과 같은 결론이 나온다.

체내 지방을 태워서 없애려면 저강도 운동을 20~30분 이상 하는 것이 가장 좋다(빠른 걷기나 느리게 달리기로 최대심박수의 50~70% 범위). 과연 그럴까?

• 그래프로 나타난 수치의 허점

우리는 지방만 선택적으로 연소시킬 수 없다. 지방은 에너지 과잉으로 저장된 결과물이다. 지방을 없애려면 운동으로 사용하는 총 칼로리가 섭취하는 열량보다 훨씬 많아야 한다. 그렇게 소모되는 칼로리 속에 3대 영양소인 탄수화물, 지방, 단백질의 연소 비율이 운동 강도에 따라 달라진다.

빠르게 걷기나 느리게 달리기의 경우, 지방 연소 비율은 총 에너지원의 50~80%를 차지한다. 연소시키는 지방의 양이 상당히 많아 보인다. 하지만 이 정도 운동은 총 칼로리 소비량이 적기 때문에 절대적인 지방 연소도 적게 일어난다. 한편 고강도 운동은 지방의 연소 비율이 10~20%로 낮은 비율이지만, 총 칼로리 소비량은 무척 크기 때문에 연소되는 지방의 절대량 또한 커진다.

• 애프터 번을 놓칠 수 없다

또 하나 애프터 번을 알아두어야 한다. 고강도 운동을 하면 정상적인 탄수화물, 지방 연소만으로 부족하다. 그렇게 되면 무산소 영역에서 산소 없이 강제로 당분을 태우게 되고 그 결과 젖산이 축적되고 노폐물이 쌓인다. 운동이 끝나고 나면 신체는 이 불완전 연소의 찌꺼기를 처리하기 위해 많은 산소와 에너지를 추가적으로 소모한다. 격한 운동 이후 열이 나고 땀이 계속 배출되는 것은 운동은 끝났어도 몸이 에너지를 계속 사용한다는 증거다. 결론적으로 저강도 운동보다는 고강도 운동이 지방 연소의 절대량과 애프터 번에 의한 추가적인 열량 소모가 발생하므로 체중 감량에 효과가 큰 것이다.

그렇다고 속보나 조깅이 운동이 되지 않는다는 말은 아니다. 달리기를 처음 시작하거나 체력이 약한 사람, 노약자, 심장 질환, 혈관 질환이 있는 사람에게는 걷기와 조깅도 상당히 높은 심박수를 나타낼 수 있다. 그리고 달리기로 부상이 있거나 회복 중인 러너에게도 가벼운 운동은 몸의 균형을 유지하는 데 꼭 필요하다.

하지만 체력도 되고 건강상에 문제가 없는데도 굳이 지방을 연소시킬 목적으로 천천히 장거리를 뛰거나 장시간 달리는 것은 바람직하지 않다. 물론 마라톤을 목적으로 연습할 때는 예외지만, 지방만 빠르게 태우기를 원한다면 숨이 목에 찰 때까지, 심장이 터질 때까지 전력으로 달리는 것이 좋다. '지방은 탄수화물의 불꽃 속에 타들어 간다'라는 말을 잊지 말자.

꼭 달릴 필요 있나요? 걷기와 조깅

• 자신의 건강 상태를 파악하고 결정하자

달리기는 아무래도 걷기보다 높은 심폐기능이 필요하고 에너지 소모도 크다. 운동으로서 효율성은 높지만, 부상이 발생하기도 한다. 착지 시 신체에 미치는 압력이 3배 이상 큰 것이 원인으로 지목되지만, 사실 부상으로 큰 문제가 되는 경우는 극히 드물다. 달리기가 아직 몸에 익숙해지지 않아서 생기는 과정일 뿐, 적절한 지식과 대처요령만 파악한다면 그렇게 위험한 운동은 아니다. 이러한 이유로 걷기 vs달리기에 대한 논쟁이 이따금 생긴다.

고령자나 과체중, 심혈관 질환 등의 기저 질환이 있거나 운동 경험이 없는 사람에게는 당연히 걷기가 좋다. 이런 경우 걷는 운동만으로 최대심박수의 60~70%까지도 심박수가 상승하고 가벼운 조깅 효과를 얻을 수 있다. 무릎 관절염이나 허리 디스크 증상이 있는 사람에게도 가벼운 걷기를 먼저 권한다. 또한 부상으로 통증을 느끼는 러너에게도 재활 치료로써 빠른 걷기가 도움이 된다. 올바르게 걷는 동작이 달리기의 기본인 셈이다. 코어를 잡고 고관절을 전후로 움직이며 무릎 주변과 종아리 근육을 적절하게 사용해야 한다. 다리를 들어 올리는 근력이나 밀고 나가는 추진력은 연습을 통해 얻어진다.

• 올바르게 걷기

걷기는 달리기와 같은 종목이다. 달리기의 전 단계로 생각하면 된다. 하지만 바지 양쪽에 손을 꽂고 팔자 걸음으로 어슬렁거리며 배회한다면, 운동이 될 수 없다. 한 시간에 5~7km를 걷는 속도로 복근에 힘을 주며 힘차게 발을 앞뒤로 움직여주어야 올바른 걷기다.

이러한 걷기 운동은 그동안 사용하지 않았던 하체 근육, 코어 근육(복근과 척추기립근)을 조금씩 활성화한다. 구부정했던 척추가 제자리를 찾아가고, 고관절 가동성과 골반의 움직임, 무릎과 발목 관절 운동의 범위 확보에 도움을 준다. 걷기를 지속한다면 근지구력 향상에 도움이 된다. 걷기만으로도 어느 정도까지는 달리기의 장점을 맛볼 수 있다.

걷는 장소로는 트레드밀, 공원, 강변, 학교 운동장 어디든 좋다. 만약 트랙에서 한 방향으로만 돌게 되면 좌우 대칭이 잘 안 맞는 경우가 생길 수 있다. 우측으로 5바퀴를 돌았으면, 좌측으로도 5바퀴를 도는 습관을 들이자. 처음에는 속도에 신경 쓰지 말고 하루에 몇 분을 운동했는가에 중점을 두자. 첫날 30분을 걷고 힘들었다면 거기서부터 천천히 시간을 60분까지 늘리기를 권장한다. 고령이라면 하루에 30~40분 정도가 적당하다. 60분 정도 걷기가 가능해지면 서서히 속도를 올려주는 것이 좋다. 한 시간에 5km를 걷는 속도로 시작하여,

6~7km를 빠르게 갈 수 있는 속도까지 힘차게 걷는다. 맥박수는 늘 체크하면서 최대심박수의 50~60% 범위를 유지하자. 최소 주 3회 운동을 권장하나, 몸에 특별한 무리가 가지 않는다면 매일매일 걷는 것이 좋다.

달리기 부상으로 재활을 해야 하거나 달리기 대회 이후 정리 운동으로도 올바른 걷기가 필요하다. 걷는 것이 빨라지면 그것이 바로 달리기다. 올바른 걷기는 달리기에 좋은 몸을 만든다.

• 이상적인 걷기 자세

호흡은 코와 입으로 자연스럽게 숨을 쉰다. 최대한 많은 양의 산소를 흡입하고 짧고 빠르게 내쉬도록 하자. 코로 흡입하고 입으로 내쉬거나 반대로 입으로 들이마시고 코로 내쉬는 사람도 많다. 걷기를 달리기의 전 단계로 생각한다면 최대한 많은 양의 산소를 흡입하여 폐의 용적과 흉곽을 크게 만드는 연습이 필요하다.

시선은 턱을 가슴 쪽으로 잡아당기며 호흡하기 편한 자세로 전방 10~20m 앞을 주시한다. 정확하게 목표를 향해 움직이도록 한다. 외부로부터 몸을 보호하고 좋은 자세와 균형을 갖도록 하는 데 도움이 된다. 시선이 너무 땅으로만 향하면 외부 물체와 부딪히기 쉽고 거북목의 원인이 된다. 반대로 시선이 너무 하늘 쪽을 향하면 호흡이 원활하지 않고 목과 허리에 부담을 주게 된다.

몸통(척추)은 반듯하게 세우는 것이 좋다. 5도 정도 살짝 앞으로 기울이는 정도는 허용된다. 척추를 바로 세우려고 허리를 과신전하여 오리 엉덩이처럼 만들면 허리에 무리가 간다. 허리를 지구의 중력 방향에 수직으로 세워준다는 느낌을 주도록 하자. 거울로 귀-어깨-골반이 한 줄로 정렬되는지를 수시로 체크하자. 그래야 올바른 고관절 운동 범위가 확보되고 무릎과 발목이 편안해진다.

　팔 모양은 옆에서 보았을 때 L자 또는 V자 형태를 유지하는데, 가

▶ **이상적인 걷기 자세**

호흡
코와 입을 모두 이용하여
자연스럽게 숨 쉰다.

시선
턱을 가슴 쪽으로 잡아당기면서
호흡하기 편한 자세로
전방10～20m 앞을 주시한다.

발 딛는 순서

발꿈치　　발바닥　　발가락

몸체
반듯하게 세우거나
5도 앞으로 기울인다.

팔
L자나 V자형 모양

보폭
키 −100cm

능하면 90도가 좋다. 손은 달걀을 하나 쥐고 있다는 느낌으로 가볍게 쥔다. 상체는 늘 긴장을 풀고 힘을 과하게 주지 않는다. 가슴 중앙부를 향하여 허리에서 어깨까지 자연스럽게 흔든다.

보폭은 일반적으로 자신의 신장에서 100cm을 뺀 것을 적절한 거리라고 본다. 하지만 이를 딱 맞추는 사람은 거의 없다. 보폭을 크게 하면 무게 중심으로부터 발이 멀어지기 때문에 부상의 우려가 있다. 그러므로 처음에는 보폭을 줄이고 걷는 다리의 움직임, 보속을 높이는 것을 권한다.

착지는 발뒤꿈치부터 시작하여 발바닥, 앞꿈치 순으로 착지한다. 인류가 맨발로 다녔을 때는 앞꿈치를 사용했다. 신발이 발명된 이후 발뒤꿈치부터 착지하는 것에 길들여졌다. 걷는 동작에서는 자연스럽게 발뒤꿈치부터 땅에 닿는 리어풋 착지법을 이용하여 걷도록 한다.

• 조깅과 러닝의 차이

"조깅하러 나갑니다." "전 오늘 10km 러닝할 거예요."

위 두 문장은 똑같이 뛰러 나가는 말인데, 표현이 조금 다르다. 조깅과 러닝은 어떻게 다를까? 조깅은 일단 가볍게 뛰는 것을 말한다. 걷기보다는 상위 버전이고 러닝의 하위 버전이라고 볼 수 있다. 조깅의 표준 속도는 100m에 45초이며, 시속으로는 8km/hr이다. 1km를 7분 30초에 뛰는 페이스를 말한다. 이는 천천히 걷는 속도의 2배 정도로 최대심박수의 60~70%의 범위의 운동 강도다. 편안하고 여유롭게 유산소 운동을 즐기면서 뛰고 난 뒤에도 몸이 가볍고 전혀 무리가 없다.

한편 러닝의 표준 속도는 대략 100m에 30초이며, 시속으로는 12km/hr에 해당한다. 1km를 5분에 뛰는 페이스를 말한다. 러닝머신에서 12km/hr를 설정해놓고 한 시간 뛰는 것을 생각해보자. 이는 초심자에게 상당히 힘든 운동이다. 어려서부터 운동을 하지 않았던 사람은 자칫하면 달리기 부상으로 이어질 수도 있다. 최대심박수의 70~85% 운동 강도에 해당하는데, 운동을 처음 시작하는 사람이라면 무산소 영역의 운동 강도로도 생각할 수 있다.

• 이름을 붙이는 다양한 방법들

다음과 같이 구분하기도 한다. 조깅은 달리면서 편하게 대화할 수 있고, 러닝은 숨이 너무 가빠서 대화가 불가능한 정도의 강도다.

재미난 이야기로 조깅Jogging 의 '조'가 한자 아침 조朝라고 해석되어 아침에 뛰는 운동으로 분류된 적도 있다. 밤에 하는 조깅은 '석夕깅' '야夜깅'이라고 하는데, 1996년에 실제로 사용된 예가 있다.

조깅과 러닝을 정확하게 구분하거나 설명하는 것은 어려울지도 모른다. 개개인의 신체적 운동 능력, 남녀의 성별, 나이, 어릴 적 운동을 접했던 경험 등에 따라 같은 속도와 같은 거리의 달리기라도 누구에게는 조깅이 되고, 누구에게는 러닝이 되고, 누구에게는 전력 달리기가 될 수 있다.

- **중요한 것은 속도가 아니다**

조깅과 러닝을 구분 짓는 것은 달리기 속도보다는 최대심박수의 영역이 더 중요하다. 최대심박수의 60~70% 범위의 운동 강도라면 조깅 영역이고, 최대심박수의 70~85% 운동 강도라면 러닝의 영역으로 볼 수 있다.

걷기, 조깅, 러닝은 동일 선상으로 보아도 좋다. 사용하는 근육, 운동 효과, 심폐기능 향상은 운동 강도가 세질수록 그 효력이 크게 나타난다. 다만 러닝으로 갈수록 가해지는 외력이 커지므로 부상의 발생 우려가 있다는 점에서 걷기나 조깅이 먼저 선호된다. 사실 달리기로 인한 부상은 몸이 아직 달리기에 적응이 되지 않았기 때문에 발생하고, 달리기를 멈추면 대부분 회복된다. 아직 몸이 달릴 수 있는 몸이 되지 않았기 때문이다. 조급함과 두려움을 버리고 조금씩 연습하고 노력한다면 달리기만큼 완벽한 운동은 없으리라 생각한다.

달리기의 시작,
올바른 자세와 마음가짐

걷다가 속도를 높이면 두 발이 자연스럽게 지면과 떨어진다. 걷기에 벅찬 빠른 속도로 움직일 때 자연스럽게 나오는 동작이 달리기다. 운동 속도와 착지 동작 외에는 걷는 자세와 크게 다르지 않다고 생각하고 편하게 달려보자.

바람직한 달리기 자세

2번 들이마시고 2번 내쉬는 호흡이 장거리 달리기의 기본 호흡이라고 말한다. 하지만 반드시 그것을 따를 필요는 없다. 산소 소모량과 심장이나 폐 용량이 개인마다 다르기 때문이다. 코와 입을 이용하여 최대한 많은 양의 산소를 길게 흡입하고 빠른 속도로 내쉬는 것이 좋

▶ 바람직한 달리기 자세

호흡

코와 입을 이용하여 최대한
많은 양의 산소를 흡입하고
짧게 내뱉는다.

시선

전방 10~20m를 주시한다.

손

가볍게 파지한다.

고관절

코어 근육을 유지하며 고관절의
가동성을 높이려고 노력한다.

무릎

150~160도 정도

착지

본인이 가지고 있는 자연스러운
착지법을 먼저 시도한다.

머리

똑바로 들어 지면과 수직이
되도록 한다.

팔

90도 정도 구부려
자연스럽게 흔든다.

등, 허리

전체적으로 곧게 편다.

보폭

처음에는 짧은 보폭과
빠른 보속이 좋다.

뒷꿈치
(리어풋)

발전체
(미드풋)

전족부
(포어풋)

다. 들숨과 날숨이 의식되지 않을 정도로 편안하고 자연스럽게 산소
교환이 일어나도록 호흡하는 연습이 필요하다. 최대한 많이 들이마
시고 많이 내쉴 수 있는 호흡이 달리기의 중요 호흡법이다.

모든 운동은 시선 처리가 중요하다. 너무 멀리 보면 눈이 피로해
질 수 있고 너무 가까이 봐도 목 부위나 척추기립근에 통증이 생길

수 있다. 턱을 가슴 쪽으로 잡아당기며 호흡하기 편한 자세로 전방 10~20m 앞을 주시하는 것이 좋다.

몸체(척추)는 전체적으로 곧게 펴는 것이 좋고, 앞으로 살짝 5도 정도 기울여도 괜찮다. 등이나 어깨를 구부리거나 상체에 너무 힘을 줘서 근육이 긴장하지 않도록 주의하자. 걷기와 마찬가지로 복근과 등기립근에 적절한 균형을 이루며 척추를 바로 세우는 것이 좋다. 달리기 동작에서는 고관절 굴곡 운동 범위가 중요하다. 고관절 굴곡 범위가 크게 나오려면 척추는 반드시 바로 서야 한다. 앞으로 너무 기울어진 척추는 고관절 굴곡 운동 범위가 줄어들기 때문에 달릴 때 앞쪽 다리의 동작 범위가 줄어들고, 뒤쪽으로 발을 차는 동작이 상대적으로 커진다.

팔 모양은 옆에서 보았을 때 L자 또는 V자 형태를 유지하는데, 가능한 90도 각도를 유지하는 것이 좋다. 손은 달걀을 하나 쥐고 있다는 느낌으로 가볍게 파지한다. 상체는 늘 긴장을 풀고 힘을 과하게 주지 않으면서 가볍게 흔드는 동작이 좋다. 가슴 중앙부를 향하여 허리에서 어깨 높이까지 자연스럽게 흔들고, 머리 위에서 내려다볼 때 ^ 형태로 팔을 움직이도록 하자. 과도한 팔 동작은 에너지 소모가 많아지고 어깨 통증을 유발할 수 있다. 하지만 체력이 떨어졌거나 막판에 스퍼트를 낼 때는 인위적으로 팔을 세게 흔들어 추진력을 얻기도 한다.

보폭이란 착지 시 앞발에서 뒷발까지의 거리를 말한다. 처음 달리기를 시작하는 사람이 보폭이 크면 체중의 중심점에서 착지하는 발이 멀어져 부상이 많아진다. 그래서 처음에서는 보폭을 줄이고 보속을 높이는 데 집중하는 것이 좋다. 보속은 1분 동안 한쪽을 기준으로 몇 번 반복해서 착지했는가로 계산한다. 1분 동안 오른발이 80번 착지를 했다면 보속은 80회다. 자신이 한 발 기준으로 몇 번을 착지했는지를 세어보고 점진적으로 늘려나가 90~100회 정도의 보속을 유지하도록 노력하자.

처음 달리기를 시작하게 되면 진행 방향으로 에너지를 쏟는 것이 아니라 뛰어오르는 데 힘을 다 쓰는 경우가 많다. 100m 달리기나 농구 경기를 하는 것이 아니므로 높이 뛰는 데 체력을 소모할 필요는 없다. 오랜 시간 지속해서 달려야 하므로 최대한 지면에서 가까워야 한다. 과장되게 이야기하면 신발이 살짝살짝 끌릴 정도로 지면과 가깝게 발동작을 유지하는 것이 좋다. 그렇게 하려면 무릎을 너무 많이 들어 올리지 말고, 탄력적으로 튀어 오르는 동작을 조심하자. 착지 시에도 무릎은 쫙 펴서 충격을 직접 받는 것보다 약간 구부려서 흡수할 수 있어야 한다.

두 발은 안짱다리나 팔자 걸음이 아닌, 자신의 어깨 너비 정도로 11자 모양이 되는 것이 좋다. 라인을 일직선으로 그어놓고 한 줄에 맞춰 착지하는 연습을 하기도 하는데 이는 과도한 고관절 내전, 장경인대의 긴장, 족부의 과회내 변형을 일으켜 달리기 부상으로 이어지기 쉽다.

모든 러너의 숙명, 본인의 달리기를 찾아라

달리기 자세에 최적은 있어도 정답은 없다. 개인마다 신장, 다리 길이, 관절의 유연성, 운동 범위, 근육 강도, 밸런스, 유전적 성향 등에 따라 달리게 되어 있다. 위에 설명한 걷기 자세와 달리기 자세는 처음 달리기를 시작하는 사람들과 달리기를 하고 있어도 아직은 많은 경험이 없는 사람들을 위한 설명이다. 이미 달리기 경험이 많거나 엘리트선수라면 골프선수가 자신만의 스윙 폼을 가지고 있는 것처럼 자신만의 러닝 스타일이 있을 것이다. 자신에게 최적화된 리듬과 자세, 자신의 주 동력 근육을 찾아 가장 자유롭고 부드러운 러닝 폼을 갖는 것은 모든 러너에게 부여된 숙제다.

달리기를 처음 시작할 때 어디서 뛸지 고민하는 사람이 많다. 무엇보다 가장 쉽게 시작할 수 있는 운동이 달리기다. 도심 한복판이건, 운동장, 한강변, 해변 모래사장, 뒷산 등 달리는 데 장소 제한은 없다. 달리기가 좋아질 때까지는 장소에 구애받지 말고 이곳저곳 많이 달려보는 것이 좋다. 물론 최적화된 환경은 좌우가 평평하고 경사가 거의 없는 일직선 우레탄 포장 노면이다. 가장 비슷한 환경으로 육상경기가 열리는 트랙이 있다. 하지만 한쪽 방향으로 지속적으로 뛰게 되면 좌우 밸런스가 깨지면서 바깥쪽으로 도는 하체에 장경인대마찰증후군이나 경골과로성골막염이 생기기도 한다. 장소를 고르기보다는 달리는 습관을 갖는 것이 먼저다.

빠르게 걷기가 가능해지면 달리기가 수월해진다. 달리기는 걷기와는 다르게 착지 시 몸에 받는 압력이 최대 3배에서 8배까지 올라갈 수 있다. 이러한 압력을 너무 겁낼 필요는 없지만, 늘 어느 정도 생각은 하고 있어야 한다. 이러한 압력에 신경 쓰지 않고 너무 열심히 달리다가는 달리기 부상과 연결되기도 한다. 아마추어러너에게는 부상 없는 행복한 달리기가 가장 큰 목표다.

• 달리기를 지속적으로 하고 싶다면

먼저 습관이 중요하다. 맛난 것도 많이 먹었고 컨디션도 좋고 날씨마저 청명한 가을 날씨라면 누구라도 서슴없이 운동하고 싶은 욕구가 충만해진다. 하지만 우리의 신체 바이오리듬과 주변환경은 매일 그러한 최적의 조건을 제공하지 않는다. 배가 너무 불러서, 몸이 아픈 것 같아서, 바람이 많이 불어서, 비가 와서…. 운동을 좋아하는 나 역시도 일정한 루틴과 습관이 없다면 이러한 리듬의 변화에 쉽게 흔들리고 만다.

이것은 마치 프로골퍼가 잡념을 버리고 나이스 샷을 날리기 위해 늘 똑같은 목표 설정, 빈 스윙, 어드레스, 피니쉬를 반복해서 연습하는 것과도 같은 패턴이다. 새로운 자극이나 환경에 지배받지 않고 의식하지 않은 상태에서 동일한 요일, 동일한 시간대, 일주일의 운동 횟수 등을 정해놓고 시작하는 것이 달리기를 즐길 수 있는 첫걸음이라 생각한다.

• 얼마나 자주 뛰어야 할까?

　미국 스포츠의학회 ASCM 에서는 달리기를 통해 심폐지구력을 증가시키기 위한 가이드라인을 제시하였다. 중등도 유산소 운동을 주당 최소 5일, 고강도의 유산소 운동을 주당 최소 3일, 중·고강도 운동을 혼합할 경우 3~5일이 좋다고 권장한다. 중등도 달리기는 최대심박수 (여유심박수)의 40~60%의 범위이고, 고강도 달리기는 최대심박수의 60~90% 범위를 말한다. 또한 심폐 건강을 위해 주당 1,000kcal 이상의 에너지 소모를 권하는데 이것은 주당 150분 정도의 시간 동안 중·고강도의 운동을 하는 것을 말한다. 그래서 주 5일 달리기를 한다면 한번에 30분 이상 달리기를 하는 것이 좋다는 것이다. 즉, 일주일에 4번 정도 달리기를 하되, 2번은 조금 천천히, 2번은 조금 힘들게 30분 이상 달리는 것을 권장한다고 요약할 수 있겠다.

　달리기는 심폐지구력을 키우는 운동으로 자신의 한계점을 넘어야 달리기 능력이 향상된다. 모든 운동과 마찬가지로 운동과부하의 법칙이 적용되는 것이다. 하지만 개개인마다 운동 능력과 특성이 천차만별이다. 어떤 사람은 하루 10분만 뛰어도 체력이 바닥날 수도 있고 어떤 사람은 10km씩 매일 뛰어도 어디 하나 아픈 데가 없는 경우도 있다. 가이드라인은 가이드라인일 뿐이다. 누구와 비교하기보다는 어제보다 나은 러닝이 되도록 조금씩 늘려가는 재미를 느낄 줄 아는 것이 중요하다.

• 달리기 거리와 달리기 속도, 무엇이 더 중요할까?

제프 갤러웨이는 지난 3주간 가장 길게 뛰었던 거리에서 일주일에 1.5km씩 늘려나가는 것을 권장한다. 한 주마다 한 번에 달릴 수 있는 거리를 10%씩 늘리는 10%의 법칙도 있다. 이는 아무리 컨디션과 기분이 좋더라도 급격한 거리의 변화를 주지 말라는 메시지를 담고 있다. 5km 정도 뛰어본 경험이 있던 사람이 어느 날 경쟁심이 생겨 갑자기 10km를 무리하게 도전했다가는 달리기 부상으로 1~2개월 절뚝거리는 경우가 발생하기 때문이다.

지구력은 항상 달리는 거리에 비례해서 생기기 때문에 달리는 속도에 개의치 말고 천천히라도 쉬지 않고 달리는 것이 좋다. 달리는 거리를 늘리다 보면 달리기에 자신감도 생기고 몸의 변화를 느끼기 시작한다. 몸은 대체적으로 6주에서 3개월 사이에서 체중의 감소, 근력의 향상, 기초 체력의 증진에 있어서 놀라운 변화를 보인다.

원하는 거리를 한 번에 쉬지 않고 달리게 되었다면 일주일에 한 번정도는 전력을 다해 속도를 높여 보는 것도 좋다. 흔히 말하는 인터벌 트레이닝, 젖산역치 훈련이라고 하는데, 최대심박수의 80% 이상으로 달리기 강도를 높여 주는 것이 좋다. 혼자 하기 어려운 훈련이므로 그룹을 지어 연습하거나 달리기 크루나 동아리에 가입해서 같이 연습하는 것이 도움이 된다.

달리는 속도도 올리고 거리도 한 번에 늘리는 것은 과욕이다. 엘리트선수라도 동시에 두 가지 훈련을 하루에 시도하지 않는다. 거리면

20km

거리, 속도면 속도 한 마리의 토끼를 사냥해야지 두 마리의 토끼를 잡으려다가는 부상의 늪에서 헤어 나오기 어렵다.

어떤 근육을 사용해야 잘 달릴 수 있을까?

걷기는 양발이 동시에 지면에 닿는 움직임을 말한다. 반면 달리기는 양쪽 발이 지면에서 떨어지는 것이 특징이다. 그러므로 걷기가 빨라지면 자연스럽게 달리기가 된다. 걷는 보행 주기에 변화를 조금 준 것이 달리기 보행 주기인 것이다. 그렇다면 달리는 동작의 특징은 무엇일까? 잘 달리기 위해 특별히 사용해야 하는 근육이 있을까?

• 중심 이동

움직일 때 가장 먼저 일어나는 동작은 중심의 이동이다. 중심을 앞으로 기울이면 자연스럽게 걷기나 달리기 동작으로 이어진다. 그러므로 달리기를 시작할 때 척추를 앞으로 살짝 기울인다. 하지만 장거리 달리기의 경우, 오래 달릴수록 척추가 똑바로 서므로 구별되지 않을 수 있다. 반면 100m 달리기 출발선 주자들은 처음부터 앞으로 쏟아질 듯 신체를 최대한 기울이며 순간적인 추진력을 얻으려고 노력한다.

중심 이동 후에는 1. 무릎 들어올리기(고관절 굴곡) → 2. 대퇴부 동작(슬관절 신전) → 3. 제2의 심장, 발의 움직임 → 4. 하퇴부 밀어올리기(종아리 끌어올리기) 순으로 달리기의 동작이 구현된다.

근육의 작용으로 보는 달리기 동작

❶ 무릎 들어올리기(고관절 굴곡)

단거리 달리기에서는 발이 지면을 박차고 출발하는 힘찬 동작이 연출되는 반면, 장거리 달리기는 중심을 앞으로 이동하면서 고관절을 중심으로 무릎을 앞으로 든다. 허벅지와 무릎을 앞으로 올리는 동작을 고관절 굴곡이라고 하고, 반대로 허벅지와 무릎을 뒤쪽으로 당기는 동작을 고관절 신전이라 한다. 무릎을 들어올리는 고관절 굴곡에서는 장요근, 치골근, 대퇴근막장근, 내전근, 대퇴직근, 봉공근이 작용한다. 이렇게 무릎을 올리는 각도, 고관절을 굴곡시키는 각도가 클수

록 선수급에 가깝다고도 말한다. 이런 동작은 척추와 골반의 코어 근육, 고관절 유연성이 좋아야 가능하다. 척추가 구부정하게 앞으로 굽어 있으면 달릴 때 고관절 운동 범위가 확보되지 못한다. 이 동작을 장거리 달리기의 핵심으로 보고 중점적으로 강화하는 러닝 그룹도 많다.

❷ 대퇴부 동작(슬관절 신전)

대퇴사두근으로 무릎 아래 다리를 신전하고 햄스트링 근육에 의존하여 지면으로 착지를 준비하는 단계다. 다리를 멀리 뻗을수록 보폭이 커지는 동작이 만들어질 수도 있지만, 부상 우려가 있기 때문에 착지 시에는 무릎을 약간 구부린 각도를 유지하는 것이 좋다. 슬관절 굴곡이 약간 펴진 상태에서 전경골근(정강이 전외측 근육, 족관절 족배굴곡근)으로 발목을 90도 이상 뒤로 젖힌 후 족배 굴곡을 만들면 뒤꿈

치 착지가 유도된다. 반대로 아킬레스건이나 후경골근으로 족관절을 중립 상태로 만들거나 족저(발바닥)를 약간 굴곡시키면 미드풋 착지나 포어풋 착지가 가능해진다.

❸ 제2의 심장, 발의 움직임

발은 전신의 요약이자 제2의 심장이라고도 불린다. 발목 관절을 중심으로 보면 발이 지면에 닿기 전에는 발목이 약간 바깥쪽으로 회외Supination 상태를 유지한다. 착지 시 발은 플랫한 형태를 유지하고, 지면에서 내딛는 순간에는 발목이 안쪽으로 구부러지는 회내 Pronation 상태로 전환된다.

▶ 회내 (착지지점/신발마모부위)

정상회내

과회내

저회내

일반적인 회내 현상은 착지 시 발목과 무릎의 충격을 완화시켜주는 자연스러운 동작이다. 여성이나 관절이 유연한 사람, 평발일 경우 이러한 회내 현상이 과해진다. 이는 경골(정강이뼈)의 내회전이 많아져 정강이 내측 통증(경골과로성골막염), 무릎 내측 통증(거위발건염, 내측인대의 손상)이 유발될 수 있다. 반대로 회내가 적게 일어나는 딱딱한 발일 경우 아킬레스건 만성 긴장, 종아리 뒷부분의 과도한 긴장, 무릎 외측 통증(장경인대마찰증후군)이 발생할 수 있다.

발과 발목의 움직임은 달리기에서 발생하는 충격을 흡수하고 지면을 박차고 나갈 수 있는 추진력을 만든다. 발과 발목 힘이 강한 사람이 달리기 부상이 적게 발생하며, 강한 탄성과 반발력으로 역동적인 달리기를 구사할 수 있다.

❹ 하퇴부 밀어올리기(종아리 끌어올리기)

발과 발목의 탄성으로 도약한 다리를 엉덩이 근육 쪽으로 당겨올려주는 동작이다. 이 동작은 주로 햄스트링 근육에 의해 이루어진다. 이 동작은 발을 엉덩이 직하방으로 끌어올려 달리기 보행 단계의 궤적과 시간을 단축하여 다음 주기로 빨리 이행시키는 데 그 목적이 있

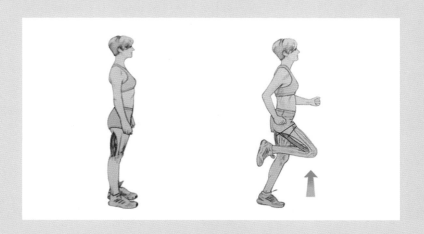

다. 스타카토처럼 짧고 급속히 수행하는 동작이다. 때문에 아마추어 러너에게는 햄스트링 근육의 피로와 근육 손상 우려가 있어 잘 권하지 않고 생략되기도 하는 러닝 퍼포먼스다. 햄스트링 근육이 손상되는 원인은 다양하지만, 대부분 대퇴사두근과 햄스트링 근육 힘의 불균형에서 온다. 대퇴사두근의 근력과 햄스트링 근력이 3대 2 비율을 유지하는 것이 이상적인데, 일반적으로 햄스트링 근력 강화를 따로 하지 않는 경우가 대부분이기 때문에 이 밸런스가 깨져 있다. 예를 들어 헬스장에서 대퇴사두근이 레그 레이즈 머신 30kg을 들어올렸다면, 레그 컬링머신에서는 햄스트링이 20kg의 무게를 들어올릴 수 있어야 한다는 것이다. 햄스트링 근력을 강화하며 이 하퇴부 밀어올리기 동작을 연습한다면 달리기 밸런스와 달리기 속도를 높이는 데 큰 도움이 된다.

• 팔치기

효과적으로 달리려면 하반신, 그러니까 다리와 발의 움직임이 무엇보다도 중요하다. 이에 반해 상반신(허리, 어깨, 팔)의 움직임은 상대적으로 간과되기 쉽다. 장거리 달리기에서는 팔이 몸 전체 균형을 잡아주는 역할을 하므로 가능하면 힘을 빼고 팔이 척추에 매달린 것처럼 가볍게 흔드는 것이 효과적인 하체 움직임을 이끌어내는 데 도움이 된다. 마라톤에서 마의 35km 구간을 지날 때 이러한 팔의 움직임은 전체 달리기 에너지를 이끌어내는 데 큰 도움을 준다. 팔치기 방향은 좌우가 아닌 전후 방향, 앞보다는 뒤로 팔을 치는 데 주력해야 한다. 뒤로 하는 팔치기는 추진력에 도움을 준다.

결국 달리기는 전신 운동으로써 척추 주변의 코어 근육, 하체 근력, 족부 탄력성, 상체 근육 조화와 함께 심폐지구력을 증가시킨다. 어느 동작이 우선시되는지는 개인 습관이나 경험, 연습 방법에 따라 조금씩 달라질 수 있다. 달리기는 흰밥에 스팸이 아닌 잡곡밥에 여러 가지 나물과 고기가 들어 있는 비빔밥으로 생각해야 한다. 한 가지 동작에만 치중하지 말고, 여러 방법으로 부단한 노력과 연습을 반복한다면 어느 순간 향상된 자신의 달리기 퍼포먼스에 놀랄 것이다.

달리기에도 기술이 필요하다

달리기 주법은 어떤 게 있을까?

달리기는 크게 두 가지 주법으로 나뉜다. 보폭에 따라 피치(걸음수, 보속, pitch) 주법, 스트라이드(보폭, Stride) 주법이다. 용어 이해를 돕기 위해 먼저 피치와 스트라이드에 대해 알아보자.

• 빠르게 달리는 피치 주법

피치 주법은 스텝 수가 빠른 달리기 방법을 말한다. 빠르게 달리며 페이스를 유지하는 방법으로, 만화 〈톰과 제리〉에서 고양이 톰에게 쫓기며 도망가던 제리의 발 모양을 상상해보면 이해될 것이다. 대부분 케이던스나 RPM이라는 용어를 많이 사용하며, 권장하는 케이

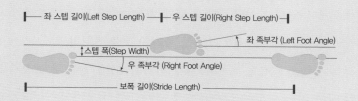

├── 좌 스텝 길이(Left Step Length) ──┼── 우 스텝 길이(Right Step Length) ──┤

↑ 좌 족부각 (Left Foot Angle)

↕ 스텝 폭(Step Width)

우 족부각 (Right Foot Angle)

├────────── 보폭 길이(Stride Length) ──────────┤

- **스텝(Step):** 걸음
- **스트라이드(Stride):** 보폭. 한쪽 발뒤꿈치에서 같은 발뒤꿈치까지의 거리
- **1 Stride = 2 Steps**
- **스텝 프리퀀시(Step Frequency):** 1분 동안 각 발이 지면에 닿는 총 횟수
- **스트라이드 프리퀀시(Stride Frequency):** Step Frequency의 1/2
- **케이던스 =** Stride Frequency = Step Frequency의 1/2

예를 들어 1분 동안 왼발과 오른발이 총 180번 땅에 닿았다면 스텝 프리퀀시는 180이고, 스트라이드 프리퀀시, 케이던스는 90이 된다.

던스는 90이다(《Daniel's Running Formula》의 저자 잭 다니엘Jack Daniel 은 장거리 달리기선수의 경우 스텝 프리퀀시를 180, 스트라이드 프리퀀시는 90 정도가 좋다고 한다).

• 보폭이 넓은 스트라이드 주법

스트라이드 주법은 보폭을 넓게 유지하면서 성큼성큼 달리는 방법을 말한다. 흔히 나이지리아나 케냐의 선수가 우월한 다리 길이를 보여주며 이런 주법을 구사한다. 보행 주기에서는 한쪽 발뒤꿈치에서 다른 발뒤꿈치까지 거리를 보폭이라고 말하지만, 러닝에서의 보폭은 한쪽 발이 다시 돌아올 때까지의 거리를 말한다. 그래서 러닝 시 보폭을 넓힌다고 하면 다리를 넓게 벌리는 동작과 스텝과 스텝 사이 공중에서 움직이는 이동 거리를 늘리는 것을 말한다.

달리기 속도 = 보속 × 보폭이다. 단거리에서는 당연히 보속과 보폭이 모두 빠른 속도로 증가해야 결승선을 먼저 통과할 수 있다. 하지만 장거리 달리기에서 보속과 보폭 모두를 증가시키기에는 인간의 한계에 부딪힌다. 보속이 증가하면 젖산이 누적되어 피로물질이 쌓이고, 보폭이 증가하면 하체 근육에 쉽게 무리가 오면서 부상이 발생할 수 있다. 장거리러너는 둘 중 어느 것을 선택하는 것이 좋을까?(물론 선수에 따라 보속 의존 선수, 보폭 의존 선수가 따로 있다)

▶ **피치 주법 vs 스트라이드 주법**

피치 주법 회전수를 높인다 　　　스트라이드 주법 보폭을 넓힌다

어떤 주법을 선택해야 할까?

보폭이 커진 탓에 몸이 무게 중심을 벗어나 발의 착지점이 더 앞으로 나가버린 경우를 '오버스트라이드Overstride '라고 하고, 몸의 무게 중심과 발의 착지점이 근접한 경우를 '좋은 착지Good Stride '라고 한다. 일반적인 러닝에서 몸이 받는 충격이나 압력은 발이 지면에 닿는 착지점과 몸의 무게 중심과 일치할 때 가장 최소화된다.

UCSF 의학대학에서는 이러한 오버스트라이드와 좋은 착지를 비교 분석하여 러닝 시 몸이 받은 충격을 측정했다.

그림에서 위 두 개 그래프가 몸의 무게 중심Center of Mass 에 가까운 좋은 착지 그래프이고, 아래 두 개 그래프는 오버스트라이드 그래프다. 왼쪽은 모두 리어풋 착지RFS 고, 오른쪽은 모두 전족부(포어풋FFS)

▶ 좋은 착지

몸의 무게 중심

발의 착지점

▶ **오버스트라이드와 좋은 착지의 비교 분석**

좋은 착지 리어풋 착지

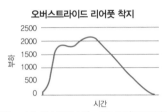

IP(Impact Peak) 1,000N, LR(Loading Rate) 40.8BW/s

좋은 착지 포어풋 착지

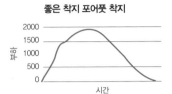

IP(Impact Peak) 1,200N, LR(Loading Rate) 42.3BW/s

오버스트라이드 리어풋 착지

IP(Impact Peak) 1,800N, LR(Loading Rate) 94.6BW/s

오버스트라이드 포어풋 착지

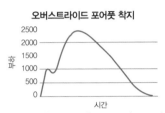

IP(impact peak) 1,000N, LR(Loading Rate) 90.5BW/s

착지다.

좋은 착지와 오버스트라이드를 비교해보면 전족부 착지 혹은 리어풋 착지 여부를 떠나 오버스트라이드가 몸에 가해지는 충격이 2배 이상인 것을 볼 수 있다. 따라서 보폭을 무리하게 넓혀, 착지하는 발이 무게 중심 밖으로 멀리 떨어지게 되면 하체가 받는 충격이 커져 부상 위험성이 높아진다.

미국 위스콘신대학교 연구에 따르면 자신의 기존 보속에서 5% 정도 빨리 하면, 무릎과 고관절에 걸리는 부하를 낮춰줄 수 있다는 결과를 발표했다. 일정한 속도에서 보속을 올리면 무게 중심의 수직 이동, 지면 반발력, 고관절·무릎·발목에서 흡수되는 에너지를 감소시킬 수 있다는 것이다. 결론적으로 보속을 5%에서 시작하여 10%까지 늘려주는 것이 달리기 부상 방지에 도움이 된다고 결론을 내린다.

연구결과를 토대로 보면 달리기 부상을 줄이기 위해서는 보폭은 줄이고 보속을 빨리하는 것이 유리하다. 물론 사람마다 조금씩 자신이 편한 고유의 보속과 보폭이 있기 때문에 어느 한쪽만 급하게 강조하여 바꾸는 것은 좋지 않다. 인간의 한계를 넘어 보폭도 크고 보속도 빠르면 좋겠지만, 일반적으로 받아들이기에는 한계가 많다. 빠르게 달리고 싶은 일반러너에게는 무리하게 보폭을 늘려 부상을 입기보다는, 보속을 증가시키며 젖산역치를 높이는 운동이 선행되는 것이 안전하고 건강하게 오래 달릴 수 있는 비결이다.

착지법을 알아보자!

달리기 착지법은 발 위치와 자세에 따라 포어풋 착지(전족부), 미드풋 착지, 리어풋 착지(뒤꿈치)로 나뉜다. 러너의 약 80%는 뒤꿈치가 먼저 지면에 닿는 리어풋 착지법으로 달린다. 나머지 15%는 뒤꿈치와 발볼Ball of Foot, 1st Metatarsal Head 이 동시에 착지하는 미드풋 착지, 남은 5%가 발볼 착지, 포어풋 착지이다. 달리는 모습을 슬로우 모션으로 촬영해보면 포어풋과 미드풋 착지는 정확하게 구별하기가 어렵다. 하체 관절 움직임, 압력과 근육 사용 패턴이 비슷하기 때문에 포어풋과 미드풋 착지를 같은 카테고리로 보기도 한다. 관련 기관에

▶ 착지의 종류

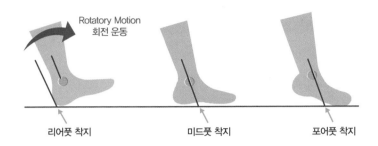

서도 총 세 개의 착지로 나누기보다는 두 개의 착지군(포어풋·미드
풋 착지, 리어풋 착지)으로 나누기도 한다.

　어려서부터 사람들은 신발을 사용하며 보행하기 시작했다. 그렇기
때문에 자연스럽게 신발 쿠션을 통해 리어풋 착지로 걷는다. 달릴 때
도 마찬가지로 리어풋 착지법이 더 자연스러웠다. 그러다가 어느 시
점부터 포어풋 착지, 미드풋 착지가 스포트라이트를 받으면서 착지
의 정석으로 여겨지기 시작했다. 기존의 리어풋 착지로 달리면 달리
기 부상이 많아지고, 스피드 향상에도 적합하지 않다고 생각하는 사
람들이 많아진 것이다.

• 언제부터 포어풋·미드풋 착지에 관심이 쏠리기 시작했을까?

　이 이야기 시작은 2009년 크리스토퍼 맥두걸Christopher McDougall
의 책《본투런Born to Run》의 영향력에서 찾아볼 수 있다. 멕시코 코

퍼 케니언Copper Canyon 의 타라후마라 부족은 당시 최고의 울트라마라토너 스콧 주렉Scott Jurek 을 상대로 드라마틱하게 승리한다. 그 부족은 며칠 동안 쉬지 않고 엄청나게 빠른 속도로 산악 지형을 누비고 다녔는데, 신발도 없이 맨발 앞부분을 이용하여 충격의 흡수와 추진력을 만들어냈다. 값비싼 신발을 아무리 바꾸어도 달리기 부상에서 자유롭지 않았던 러너들에게 이러한 이야기는 새로운 논쟁을 불러일으키는 데 충분했다.

▶ 다니엘 리버만 교수의 연구(2010)

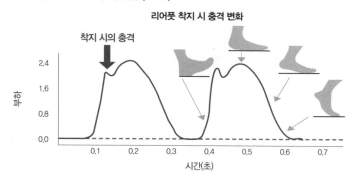

리어풋 착지 시 충격 변화

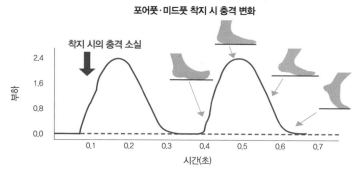

포어풋·미드풋 착지 시 충격 변화

또한 2010년 하버드대학교 다니엘 리버만 교수가 이끈 연구에서 맨발 달리기는 포어풋이나 미드풋 착지를 유도하고 이 방식으로 착지했을 때 충격을 덜 받는다는 결과를 제시한다. 그림은 리버만 교수가 발표한 그래프로, 여러 곳에서 자주 인용되는 유명한 그래프다.

위의 그래프는 리어풋 착지 동안 나타나는 충격 변화고, 아래 그래프는 포어풋·미드풋 착지 시 충격 변화다. 기울기는 LR Loading Rate 이라 하는데, 시간에 따라 변하는 GRF Ground Reation Forece 압력을 나타낸다. 기울기가 가파를 경우 그만큼 짧은 시간 내에 더 큰 충격이 하체에 전해진다고 본다. 뒤꿈치로 착지했을 때의 위의 그래프를 보면 기울기가 훨씬 가파른 변화를 보여준다. 착지와 동시에 생기는 이 가파른 기울기, 즉 하체가 받는 급격한 충격을 '순간 충격 Impact Transient'이라고 표현하기도 한다. 아래의 포어풋·미드풋 착지 시에는 압력이 완만하게 증가하고 사라지는 모습을 보여준다. LR이 리어풋 착지 때보다 상대적으로 작다는 것을 보여준다. 이 연구결과는 케냐, 나이지리아의 맨발로 뛰는 선수들이 보여주었던 포어풋·미드풋 착지가 기존의 리어풋 착지보다 더 부드럽고 충격이 적은 착지법이라고 설명하는 데 일조하게 된다. 여기까지 정리한 내용을 토대로 많은 사람이 다음과 같이 결론지어 말한다.

"포어풋·미드풋 러닝을 해야 빠르게 달릴 수 있다"

"포어풋·미드풋 러닝이 리어풋 착지보다 충격이 적기 때문에 달리기 부상의 위험이 없다"

더 좋은 착지법이 있나요?

• 속도가 더 빠른 착지법이 있을까?

정말로 포어풋이나 미드풋 착지가 리어풋 착지보다 빠를까? 일본 교토대학교 하세가와Hasegawa, H, Yamauchi 교수는 2007년 발표한 논문에서 엘리트 하프 마라톤선수들의 착지법에 관한 흥미로운 결과를 내놓았다. 달리기 15km 지점을 통과하는 주자들의 75%가 리어풋, 24%가 미드풋, 그리고 1%가 포어풋 착지인 것을 발견한 것이다. 이 결과를 보면 러너 대부분(3/4)이 리어풋 착지를 구사한다. 하지만 상위 50명만 추려서 조사해보았더니 이들 대부분은 포어풋·미드풋 착지를 구사했다. 이들은 지면과의 접촉시간CT, Contact Time 을 줄여 주행 속도를 높이고 있었다. 다시 말하면 러너 대부분은 리어풋 착지법으로 뛰지만 빠르게 잘 뛰는 선수들은 포어풋·미드풋 주법을 구사한다는 것이다.

• 신체에 충격이 적게 미치는 착지법은?

2017년 독일에서는 11명의 습관적인 리어풋 착지 러너 RFS Rear Foot Strike 와 11명의 습관적인 포어풋 착지 FFS Fore Foot Strike 러너를 대상으로 착지 시 신체 부분별로 미치는 압력을 삼차원 압력 검사 방법으로 측정했다. 이전의 다니엘 리버만 교수의 논문은 GRF 방법을 사용하였는데, 이는 신체 전체에 미치는 압력이었다. 반면 이번 독일

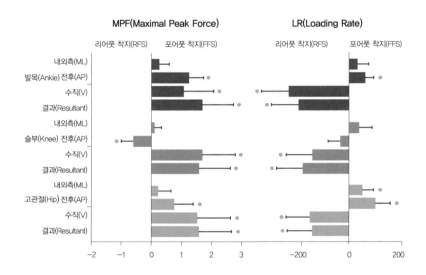

▶ 착지법에 따른 3차원적 압력 분석(2017, 독일)

연구에서 진행한 3차원적 압력 측정은 각각 관절별(고관절, 슬관절, 발목 관절)로 나눠졌고, 전후, 내외측, 수직적 압력으로 세분화되었다. 또한 평소 착지법이 다른 주자들을 비교함으로써 과정의 객관성이 유지되었다.

결과적으로 MPF Maximum Peak Force는 포어풋 착지의 경우 발목, 슬관절, 고관절 등 모든 관절에서 리어풋 착지보다 월등히 높은 것으로 나타났다(슬부의 전후 압력만 예외). LR(다니엘 리버만 교수의 그래프에서의 기울기)은 리어풋 착지의 경우 포어풋 착지보다 대체적으로 더 높은 압력의 변화를 보였다(발목 내외측, 슬부 전후, 고관절 내외측 전후 예외). 정리하면 MPF에서 압력은 포어풋 착지에서 높았고, LR에서 압력은 리어풋 착지에서 높게 나타난 것이다.

MPF나 LR에서 압력이 각 관절 연골이나 근육에 어떠한 영향을 보이는가에 대해서는 아직 밝혀진 것은 없다. 다만 우리가 알고 있는 달리기 부상의 범주에서는 가해지는 압력이 높을수록 부상의 인과관계가 높을 것이라고 추측한다. 다니엘 리버만 교수의 연구는 LR의 변화만으로 리어풋 착지의 위험성을 부각시킨 측면이 있다. 그러나 독일 연구에서는 포어풋 착지 역시 높은 압력 변화를 보였다. 결론적으로 충격이 전혀 없는 착지법은 없다는 것이다.

• **나와 잘 맞는 착지법**

다음은 2014년 미국 스탠포드대학교 연구원들이 실험한 근전도 검사법EMG 이다. 리어풋 착지나 포어풋 착지에 어떤 근육이 주로 사용 되었는지를 알아보고자 한 실험으로 p-value 값이 0.05 이하면 두 착지 간 근육 사용이 다르다고 해석하면 된다.

위 결과를 보면 리어풋 착지 시 전경골근, 대퇴사두근 중 내측광근, 그리고 외측 햄스트링 근육이 주로 활성화된다. 포어풋 착지 시는 내측 비복근, 외측 비복근이 활성화된다. 따라서 리어풋 착지 시 정강이 앞쪽 근육과 허벅지 근육이 주로 사용되고, 포어풋 착지 시에는 종아리 근육이 주로 사용됨을 알 수 있다.

연구결과를 종합하면 특정 착지 시 충격이 더 크다거나, 착지법

▶ **착지법에 따른 근전도 검사(2014, Yong, 스탠포드)**

달리기 유각기(Swing Phase)에 리어풋 착지와 포어풋 착지군간의 근전도 결과.
p-value 값이 0.05 이하면 두 착지 간 근육 사용이 다르다고 해석하면 된다.

근육	근전도		
	리어풋 착지	포어풋 착지	P-value
전경골근	1.45±0.59	0.66±0.23	0.001
내측 비복근	0.28±0.14	0.75±0.46	0.004
외측 비복근	0.33±0.13	0.74±0.36	0.001
가자미근	0.25±0.07	0.22±0.10	0.395
대퇴직근	0.80±0.36	1.33±0.91	0.077
내측광근	1.07±0.26	0.72±0.41	0.032
외측광근	1.11±0.49	0.72±0.40	0.064
내측 햄스트링	1.82±0.59	1.90±1.48	0.862
외측 햄스트링	2.20±0.95	1.42±0.46	0.028
중둔근	1.17±0.79	0.80±0.38	0.220

에 따라 부상이 더 많이 발생한다는 과학적이고 객관적인 근거는 없었다. 리어풋 착지, 포어풋·미드풋 착지 시 각각 다른 압력의 상승이(LRvsMPF) 나타났고, 각기 다른 근육을 사용하여 착지하는 것을 알수 있다. 또한 리어풋 착지는 정강이 앞쪽 전경골근과 내측광근, 햄스트링 근육을 주로 사용하고 발목 주변의 전단응력Shear Stress 이 적게 발생했다. 포어풋 착지는 주로 종아리 근육을 많이 사용하며 슬부의 전후 압력 변화가 적었다. 여기서 우리는 과학적, 의학적 추론으로 발목이 불안정한 러너에게는 발목 힘을 덜 사용하는 리어풋 착지법을,

전방십자인대가 좋지 않고 슬부 전후 불안정성이 있거나 슬부 전면 동통이 있는 러너에게는 포어풋·미드풋 착지가 잘 맞는다는 사실을 알 수 있다. 또한 종아리 근육 통증이 있거나 족저근막염 증상이 있으면 리어풋 착지를, 햄스트링 통증이나 대퇴직근 손상이 있으면 포어풋 착지를 권장하는 것이 좋다.

• 아직까지 정답은 없다

착지와 달리기 부상과의 관계를 명확히 규명하는 일은 쉽지 않다. 과학적 근거 레벨 1에 해당하는 연구가 진행되어야 진리에 가깝기 때문이다. 레벨 1의 연구란 많은 일란성 쌍둥이를 대상으로 한 명은 리어풋 착지법으로, 한 명은 포어풋·미드풋 착지법으로 달리게 한 후 어느 그룹에서 달리기 부상이 많이 발생했는가를 전향적으로 추적 관찰하는 연구를 말한다. 사실 이러한 연구는 현실적으로 불가능하기 때문에 연구의 대부분은 연구자 의도에 맞게 후향적으로 분석되거나, 샘플 측정과 대상의 선택에 있어 편향적 오류를 만들게 된다.

리어풋 착지냐, 포어풋·미드풋 착지냐 하는 것에 대해 이야기하다 보니 설명이 길어졌다. 그만큼 민감한 사안이며 아직도 밝혀내야 할 것들이 너무도 많다. 간략히 정리하면 다음과 같다.

> ### ☑ 요약! 착지법에 관하여
>
> 1. 달리기 퍼포먼스나 스피드 면에서는 포어풋·미드풋 착지가 더 우수하다는 견해가 많다.
> 2. 달리기 부상과의 관련성은 어느 착지가 더 좋다고 말하기는 어렵다. 한 가지 명확한 점은 몸이 허락되지 않은 상황에서 너무 급하게 착지법 변화를 주려다 보면 달리기 부상으로 직결되는 경향이 많다는 것이다.
> 3. 무릎, 허벅지 통증이 있는 러너에게는 포어풋·미드풋 착지가, 족저부, 발목, 종아리, 정강이 통증이 있는 러너에게는 리어풋 착지가 도움이 될 수 있다.

　무엇이든 한 번에 달리는 방식을 고쳐서 새롭게 태어나는 경우는 거의 없다는 점을 기억해야 한다. 자신의 몸에 맞는 착지법을 찾아 천천히 바꿔가며 부상 없이 즐기는 현명한 러너가 되어야 한다.

유일한 달리기 장비!
러닝화의 모든 것

달리기는 다른 운동과는 달리 많은 장비가 필요 없다. 장비라고 하면 운동화 달랑 하나뿐이다. 러닝화는 체중을 잘 견뎌내는 쿠션 역할도 하고, 반발력을 증가시켜 달리기 속도를 빠르게 한다. 달리기에 있어서 가장 중요하다고 볼 수 있는 신발은 어떻게 선택해야 하는지 알아보자.

러닝화의 구조를 살펴보자

• 어퍼 Upper

발을 덮는 신발의 전체 부분을 어퍼라고 한다. 신발 모양을 형성하며 착용감, 통풍, 무게, 내구성과 연관이 있다. 어퍼의 소재는 크게 합성피혁, 메쉬 그리고 니트로 분류된다.

먼저 가장 오랫동안 사용된 합성피혁은 내구성이 뛰어나, 유연성이 낮고 무겁다. 그래서 메쉬와 함께 사용하여 무게와 내구성 그리고 통풍이 잘되게 만든다. 메쉬는 러닝화에서 가장 흔하게 볼 수 있는 소재로 가볍고 유연하고 통풍이 잘되긴 하지만 내구성이 떨어진다. 이러한 약점을 보완하기 위해 나일론 혼합 메쉬를 사용한다.

- **힐 카운터** Heel Counter

어퍼 뒷쪽엔 힐 카운터가 있다.

PU(Polyurethane)로 된 힐 카운터는 발 뒷축을 안정감 있게 잡아주는 역할을 한다.

▶ **러닝화 구조**

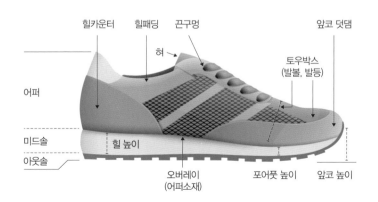

- 미드솔 Midsole

미드솔은 어퍼와 아웃솔 사이에 있는 구조물로 흔히 중창이라고 말한다. 신발의 핵심은 여기에 있다고 해도 과언은 아니다. 중창은 쿠션, 반발력, 움직임 제어 역할을 한다. 쿠션이 좋으면 반발력이나 움직임 제어 측면에는 불리한 경우가 있고 반발력이나 움직임 제어에 유리하면 쿠션이 떨어지는 경우가 일반적이다.

중창에는 EVA, PU 혹은 두 가지의 배합인 포말물질이 사용된다. EVA는 비교적 가볍고 충격 흡수에 좋지만 너무 빨리 닳아버리는 단점이 있다. PU는 원래 모양대로 빨리 돌아오고 훨씬 더 오래 견디지만 더 무겁다. 여러 신발 회사가 두 개의 물질을 혼합하여 서로의 단점을 보완하는 노력도 시도 중이다. 나이키에서는 이러한 중창에 공기도관을 넣어 에어 쿠션 러닝화를 개발했고, 아식스에서는 EVA 중창에 실리콘 젤을 넣어 충격 흡수를 도와주는 신발을 출시했다. 나이키의 '베이퍼 플라이 4%'같은 최고급 러닝화엔 카본 플레이트가 삽입되어 충격을 흡수하고 반발력을 높였다.

- 아웃솔 Outsole

아웃솔은 신발이 직접 땅에 닿는 부분을 말한다. 그렇다 보니 중요한 요소는 트랙션과 내구성이다. 트랙션은 신발이 표면에 닿을 때 미끄러지지 않게 붙잡는 그립을 의미한다. 아스팔트 도로에서는 트랙션의 중요성을 잘 못 느끼지만 길이 안 좋거나 표면이 젖어 있을 때는 그립감이 얼마나 중요한지 실감하게 된다. 아웃솔이 유연하면 자연스러운 발 구르기가 가능하여 맨발 러닝 효과를 극대화 시킬 수 있다. 아웃솔 바닥을 부분적으로 강하게 만들어 발에 안정감을 주는 신발도 있다.

- ## 힐 드롭 Heel Drop

힐 드롭이란 전족부와 후족부 높이 차이를 말하는데 착지 시 주법에 영향을 줄 수 있다. 8~10mm 힐 드롭 러닝화는 리어풋 착지법을 가진 일반적인 러너에 좋고 4~6mm 힐 드롭은 미드풋 러닝을 도와준다. 제로드롭은 포어풋 착지에 유리하고 맨발 러닝의 느낌과 비슷하다.

- ## 무게 Weight

러닝화 무게는 매우 중요하다. 무게가 가벼울수록 에너지 소비가 줄어 속도 내기가 좋다. 하지만 쿠션이 줄기 때문에 몸에 가해지는 충격이 크고 부상 위험이 늘어날 수도 있다. 서브 3 이상을 목표로 하는 러너들은 기록을 위해 쿠션을 포기하고 가벼운 무게를 가진 레이싱화를 선택한다. 최상급 쿠션화는 보통 300g이 넘는 경우가 많은데 좋은 쿠션을 가지고도 200g 중반대 무게를 가진 러닝화가 출시되고 있다. 과체중인 러너가 아니라면 250~300g의 무게를 가진 쿠션화가 적당하다.

러닝화 잘 고르는 법

나는 어떤 러닝화를 신어야 할까?

러닝화를 용도에 따라 구분하면 훈련용과 경기용, 산악용으로 나뉜다. 여기서 훈련용은 러닝화를, 경기용은 마라톤화라고 생각하면 된다. 마라톤화는 전문선수용이므로 아마추어가 선택할 필요는 없다. 가볍고 운동 능력을 최대한 발휘할 수 있게 고안된 반면 발을 보호하는 쿠션이 적다. 러닝화는 기본적으로 바닥에 충격을 줄이기 위한 쿠션의 역할이 크다. 우리가 알아야 하는 것은 바로 이 훈련용 러닝화를 어떻게 잘 구매하는 것인가에 대한 대답이다.

일반적인 초보자가 러닝화를 고르는 방법, 발의 변형이나 운동 시 이상이 있을 때 러닝화를 고르는 방법, 신발처방의 향후 방향에 대해 나누어 알아보도록 하자.

• 일반적인 러닝화 고르기

달리기에 대한 경험이 없고 이제 막 달리기를 시작한다고 하면 신발 먼저 바꾸라고 하고 싶지는 않다. 기존의 운동화가 심하게 닳지만 않았다면 그대로 이용하는 것이 좋다. 그러면서 달리기에 재미를 느끼고 본격적으로 주 2~3회 이상 열심히 달리기로 마음을 먹는다면 그때 즈음 매장에 가서 운동화를 신어보고 자신에게 맞는 적절한 러닝화를 선택하도록 하자.

러닝화 선택의 일반적 고려사항

- 오전보다는 발이 가장 커져 있을 때인 오후 5시 이후 신발을 구매하는 것이 착용감 좋은 신발을 고를 수 있는 방법이다. 달릴 때 신던 양말을 가져가서 같이 신고 사이즈를 측정하면 더더욱 좋다.

- 발은 얼굴처럼 모든 사람이 다 다르게 생겼다. 발의 길이 외에도 발의 두께나 발 안쪽의 아치도 사람마다 다르다. 전문적인 매장이라면 신발을 신어보기 전에 발사이즈를 실 계측한다. 길이와 넓이를 측정하여 적절한 신발을 제시해준다. 아치의 형태와 보행 분석까지 하는 곳도 생겨나고 있다.

- 자신의 발보다 최소한 5mm 이상 큰 것이 좋다. 운동화 뒤쪽까지 발을 밀어 넣었을 때 엄지손톱 하나 정도의 여유가 있는 사이즈가 적당하다. 만약 발가락 부위에 충분한 공간이 없으면 발톱이 상하기 쉽다. 자신의 양쪽 발의 사이즈가 다른 경우 큰 발의 사이즈에 맞춰 고르면 된다.

- 발 길이 보다 볼의 너비가 중요하다. 발볼이란 발가락 안쪽 끝(발톱 쪽이 아니라 마디 쪽)선을 따라 엄지발가락과 새끼발가락을 연결했을 때 그 전체 길이를 말한다. 보통 러닝화는 사이즈를 먼저 맞추고 볼을 선택할 경우 선택의 폭이 한 두 가지 밖에 없다. 대부분의 러닝화는 '길이 얼마에 볼의 너비 얼마' 식으로 규격화되어 제작되기 때문이다. 길이 한 종류에 4~5가지 볼의 종류를 갖추면 좋겠지만, 생산 단가가 높아지기 때문에 쉽지 않다. 미국 러닝화 뉴발란스의 기준으로, 볼의 종류에는 D, 2E, 4E가 있다. D는 발 길이에 비해 볼이 좁은 것이고, 2E는 길이에 비해 볼이 넓고, 4E는 볼이 더 넓은 것이다. 평균적으로 미국인은 D형에 가깝고, 한국인은 2E형에 가깝다. 발볼이 맞지 않는 경우에 물집이 생기기도 쉽고 부상의 위험도 커진다.

- 신발 뒤쪽은 딱딱하여 발뒤꿈치를 잡아주는 것이 좋고, 발바닥을 제외한 발 부위와 만나는 신발의 위쪽 부분(갑피)은 발을 안정적으로 감싸줘야 한다. 같은 브랜드의 운동화라고 해도 발의 아치 부분이나 쿠션감, 딱딱함 같은 것이 조금씩 다르다. 발을 실 계측하고 아치를 분석한 이후에도 반드시 신어보고 편안하게 들어가는 신발을 골라야 한다. 디자인이 예쁘다고 착용감이 불편한 신발을 고집해서 사는 것은 좋지 않다.

- 무턱대고 비싼 것을 고를 필요는 없지만, 싼 게 비지떡이라는 것도 기억하자. 초보자의 경우에는 1년 정도 지난 할인 품목이라도 크게 나쁜 것은 아니다. 하지만 쿠션화의 경우 신지 않고 두어도 한 해에 쿠션이 20% 이상 줄어든다는 것을 알고 있어야 한다. 4~5년 지난 운동화를 단돈 1만원에 샀다면 사실상 쿠션기능을 포기하고 구입한 것이다.

- 신발을 신고 똑바른 자세로 섰을 때 작은 흔들림도 없어야 한다. 걸어보았을 때 발목이 흔들리지 않고 안정감이 드는 것이 좋다. 발이 심한 평발이거나, 신발의 밑창이나 뒷축이 비정상적으로 닳아 있거나, 보행이 남들과 조금 다르다고 느끼거나, 러닝 시 발이나 무릎에 통증을 자주 느낄 때에는 전문적인 의료진에 상담을 받거나 좀 더 전문적으로 러닝화를 구매할 수 있는 마라톤 전문 매장을 찾아 방문하는 것을 권장한다.

• 특수한 러닝화 고르기

발의 모양이 남들과 다르게 보이고, 신발 밑창이 유독 불균형하게 닳는 경우, 일반적인 발사이즈 측정만으로는 발이 불편해서 운동화를 신기가 어려운 경우, 걸음걸이나 달리기 모양새가 좀 어색하게 느껴질 때에는 어떤 신발을 구매하는 것이 좋을까?

먼저 정상적인 착지 시의 발의 움직임을 알아야 한다. 이 움직임을 알게 되면 신발처방과 보조기처방에 대한 이해가 높아진다. 정상적인 착지에서는 족부가 정상적으로 내전(안쪽으로 굽어보임)되어 있는 형태이기 때문에 발의 외측이 자연스럽게 지면에 먼저 닿게 된다. 그 이후 거골하 관절을 중심으로 4~5도 각도로 회내(바깥쪽으로

▶ **회내**

	착지지점/신발마모부위			발자국 모양
정상회내				
과회내				
저회내				

돈다)한다. 이 회내의 과정을 통해 발이 평평한 각도로 보상되어지고 체중 부하를 지지할 수 있게 되고 지면을 박차고 나갈 수가 있다. 오래된 신발 밑창을 보면 거의 대부분 외측으로 치우쳐 닳아 있는 것은 자연스러운 현상이다. 다시 말하면 발의 외측이 먼저 착지를 하고 그 이후 4~5도 정도 정상적인 회내의 움직임이 있는 것이다.

연구결과에 따르면 이러한 정상적인 4~5도의 회내를 보이는 러너는 전체의 1/4밖에는 되지 않고, 절반 이상의 러너들이 착지 이후에 6도 이상의 과회내 현상을 보인다고 한다. 나머지 1/4 러너에서는 4도 미만의 저회내가 관찰되었다(과회외의 경우는 극도로 적다).

과회내의 경우 발이 상당히 부드럽고 유연하여 충격을 흡수할 수 있어 보인다. 하지만 실제로는 입각기 마지막단계, 힐 오프Heel off, 토 오프Toe off에 영향을 주게 되고 움직임이 과도하게 된다. 이로 인한 불안정성으로 족저근막염이나 슬관절염좌 같은 부상이 생길 수 있다. 반면 저회내 시에는 경직되고 딱딱한 발이 되어 안정적이긴 하지만 충격을 흡수하지 못하여 발목인대나 장경인대에 무리가 간다.

이러한 회내의 움직임은 어떻게 알 수 있을까? 먼저 기존의 신던 신발 밑창에 단서가 있다. 오래 신었던 신발의 밑창을 잘 살펴보면 과회내, 정상회내, 저회내에 따라 닳는 부분이 다르다.

과회내의 경우에는 앞쪽 밑창의 안쪽과 뒤쪽 밑창의 안쪽의 마모가 심하고 반대로 저회내의 경우에는 앞쪽 밑창의 바깥쪽과 뒤쪽 밑창의 바깥쪽의 마모가 심한 것을 관찰할 수가 있다. 직접 육안으로 체중 부하 시의 발의 내측 아치의 모양을 관찰하거나 풋 프린트Foot print 를 찍어보면 알 수 있다. (주)런너스 클럽에는 이러한 풋 프린트를 찍는 장비를 두고 발의 특성을 분석하여 발에 맞는 신발을 추천한다.

최근에는 웨어러블 기기를 통해 발의 착지와 회내 각도를 측정하는 전문적인 매장이 있다. 아디다스 '런 지니' 의 경우에는 엄지손가락만 한 웨어러블 센서를 신발 끈에 부착하고 10여 초 간 매장을 달리면 태블릿 PC를 통해, 분석된 러닝 패턴을 확인할 수 있다. 착지 패턴과 회내 각도를 분석하여 거기에 맞는 신발을 추천해준다. '아식스 풋 아이디'의 경우는 3D 프로젝트를 활용하여 좀 더 꼼꼼히 계측한다. 먼저 상하좌우, 전후방에 장착된 8대의 카메라와 4개의 레이저 프로젝트로 발 길이와 높이, 발볼 너비 등을 측정한 이후 발목에 센서를 부착하고 러닝머신 위를 맨발로 달리는 동작을 통해 발의 착지 형태와 쏠림, 기울기 등 러닝 주법을 분석한다.

이러한 방법으로 발의 형태와 회내 각도를 측정하였다면 신발은 다음과 같이 구분되고 처방된다. 먼저 신발은 쿠션화, 안정화Stability, 움직임 제어Motion Control 러닝화로 나뉜다. 신발 중창에 EVA, PU, 에어 쿠션, 실리콘 젤 등을 사용하여 충격을 흡수시키는 것이 쿠션화의 기본 베이직 모드이다. 여기서 중창의 쿠션을 조금 없애고 압축성을 줄일수록 신발의 움직임은 제어되고 더 단단해진다. 내측 중창이 얼마나 더 단단한지에 따라서 쿠션화 → 안정화 → 움직임 제어 신발로 구분되어 만들어진다. 쿠션화의 경우는 충격 흡수는 좋으나 발이 좌우로 쉽게 움직일 수 있고, 안정화나 움직임 제어 신발의 경우에는 딱딱한 착용감은 느껴지나 발이 안정적이다.

일반적으로는 중립 회내의 움직임에서는 쿠션화를 신으면 된다. 착지 시 과회내하는 모습을 보이고 아치가 무너지는 평발에 가까울수록 안정화나 움직임 제어 신발을 처방하고, 저회내의 경우에는 쿠션이 좀 더 많은 쿠션화를 권장한다. 발의 아치가 너무 내려앉아 심한 평발을 보이는 경우에는 특수깔창이나 맞춤형 인솔을 추가하는 경우도 있다.

이렇게 발의 크기와 넓이를 정확히 계측하고, 발의 아치의 모양과 회내 정도를 파악하여 발의 움직임에 정확하게 맞도록 러닝화를 선택하는 것이 전통적인 신발처방의 원칙이다. 이러한 전통적인 신발처방은 달리기의 퍼포먼스를 향상시키고 달리기의 부상을 원천적으로 막을 수 있었을까?

신발도 처방받을 수 있다!

- ### 전통적인 신발처방 Traditional Regimen

전통적인 신발처방이란 발의 모양, 형태에 정확히 잘 맞고 부적절한 발과 발목의 움직임을 제어하기 위해 신발을 처방하는 것을 말한다. 지난 40여 년 동안 신발의 처방은 이 방향으로 지속되어 왔으며,

이러한 전통적인 신발처방만이 달리기 부상을 예방하고 치료 할 수 있다고 믿어져 왔다. 평발에 맞는, 요족에 적당한, 과회내된 발을 제어하는 신발을 신고 달리면 부상에서 자유로울 것이라고 생각했었다. 하지만 최근 무작위 대조군 검사와 전향적 연구로 발표된 여러 논문에서 전통적인 신발처방의 부정적인 결론이 나오기 시작했다.

2010년 미국 해병지원자 1,400명을 대상으로 한 전향적인 연구에서 722명의 실험군에는 발의 모양을 이학적으로 조사하고 아치 형태에 맞도록 쿠션화, 안정화, 움직임 제어 신발을 신게 하였다. 689명 대조군에서는 발의 아치 모양과 상관없이 안정화만 신게 한 이후 두 집단 모두 12주간 군사훈련을 시행하고 그 결과를 비교하였다. 결과는 발의 아치 모양과 형태에 따라 전통적인 신발처방을 하여도 부상 방지에는 크게 영향이 없다는 것을 알게 되었다. 이 연구는 전향적으로 설계된 연구로 과학적 근거 레벨 1에 해당하며 미국 스포츠의학회지에도 게재되었다. 이러한 전향적 연구는 2009~2010년에도 군 훈련소를 기반으로 여러 차례 이루어 졌으며, 아치 형태에 따른 신발처방의 효과가 그렇게 신통치 않음을 밝혀냈다.[미주1,2]

2011년 영국 스포츠의학회지에도 발의 회내 움직임에 따른 신발처방의 의구심이 드는 논문이 게재되었다. 81명의 여성러너들을 대상으로 발의 형태를 중립회내와 과회내로 나눈 이후 쿠션화, 안정화, 움직임 제어 신발을 신게 하고 13주간의 하프마라톤 프로그램을 실시하였다. 회내 변형이 있는 러너에게 움직임 제어 신발의 경우는 오히려 더 통증을 많이 일으키는 결과를 보였으며 전통적인 신발처방이 오히려 달리기 부상에 위험을 증가시킬 수 있다는 논조를 보여줬다.(미주3)

이러한 연구결과의 발표는 전통적인 신발처방에 대한 의구심을 크게 만들었고, 달리기 부상을 줄이기 위한 새로운 신발처방 패러다임이 자연스럽게 등장했다. 맨발로 달리는 것이 좋다는 최소주의 Minimalist 신발, 미드풋 러닝에 도움이 되는 제로드롭Zero Drop 신발, 쿠션의 역할을 극대화한 초극대화Maximalist 신발이 그 대표적인 예이다.

• 새로운 신발처방의 등장

최소주의 신발Minimalist Shoes

사람의 발은 28개의 뼈, 33개 관절, 107개의 인대, 19개 건으로 이루어져 있는 복잡한 구조물이고 여기에는 감각 수용기가 상당히 많이 분포되어 있다. 인류가 신발을 사용하게 되면서 고유의 발 감각과 기능이 약해지고 발의 변형과 부상이 일어난다는 주장이 생겨나기 시작했다. 최소주의 신발은 가능한 지면에 가깝게, 맨발에 가깝게 착지를 유도한다. 그럼으로써 발의 감각기능을 회복시키고 조직을 단단하게 만들며 족부의 근력을 강화시키는 역할을 하게 된다. 따라서 이러한 최소주의 신발이 달리기 퍼포먼스와 부상 방지에 큰 도움이 될 수 있다는 주장이 나타났다.

▶ **최소주의 신발** Minimalist Shoes

사진출처: 비브람(Vibram)

▶ **제로드롭** Zero – Drop

사진출처: 알트라(ALTRA)

▶ **초극대화** Maximalist

사진출처: 호카(HOKA)

제로드롭 Zero-Drop

크리스토퍼 맥두걸은 EVA가 있는 쿠션이나 모션의 제한을 주는 안정화가 오히려 발의 기능을 저하시킨다고 말한다. 최소주의 신발은 맨발에 가까운 러닝을 구현하기 위하여 아주 얇은 밑창의 사용이 급격한 변화를 요구하게 되어 오히려 부상을 유발 시킬 수도 있음을 지적한다. 점진적으로 바닥에 가까워질 수 있는 방법으로 포어풋의 높이와 힐의 높이가 똑같고 어느 정도의 쿠션이 있는 러닝화가 개발되었는데 이것이 바로 제로드롭 신발계열이다. 이 신발은 발을 지면으로부터 보호하면서 맨발에 가까운 느낌을 갖게 한다. 즉 쿠션 위를 맨발로 뛰는 느낌을 들게 하며, 미드풋 러닝, 포어풋 러닝에 적합하도록 디자인 되었다.

초극대화 Maximalist

쿠션의 회복성을 극대화하며 무게를 최소화 하는 데 성공하여, 마치 구름 위에서 걷는 듯한 느낌이 들어 소위 마시멜로 쿠션이라고 불리는 초극대화 신발도 등장했다. 부드럽고 물컹한 곤약 젤리 같은 것을 밟은 듯이 튕겨져 나가고, 착지 시에 충격 흡수에 강점이 있어 트레일 러닝화로 많이 사용되며, 마라톤 러닝화로도 주목을 받고 있다.

신발처방 패러다임은 앞으로도 변할 것이다

그러나 이렇게 다양하고 새로운 신발의 패러다임조차도 다음과 같은 검증을 겪으며 난항을 겪게 된다. 2017년에는 그동안 발표된 20여개의 연구 논문들을 비교한 결과, 최소주의 신발로 이행을 하여도 달리기 부상이 크게 줄어들지 않았으며, 달리기 퍼포먼스, 효율, 근력 발달에도 영향이 미미하다는 것이 밝혀졌다.(미주4)

급격한 신발의 변화보다 26주간의 시간 동안 천천히 최소주의 신발로 바꿔가며 진행되었던 연구에서도 최소주의 신발을 신었던 실험군에서 일반적인 신발을 신은 비교군보다 주당 달리는 거리가 늘어날수록 달리기 부상이 증가하는 것으로 관찰되었다.(미주5)

신발 드롭의 변화에 따른 달리기 연구에서도 드롭의 변화가 달리기 역학이나 달리기 부상에 끼치는 영향이 미미하다는 무작위 대조군 논문들도 보고되었다. 2017년 제로드롭, 미드드롭, 쿠션화를 착용한 러너들을 6개월간 관찰한 연구결과에서도 신발 드롭의 변화는 달리기 역학에 큰 영향을 주지 않았다고 보고했다. 2016년 연구에서는 오히려 드롭이 낮은 신발로 장시간 달리기를 할 경우에 달리기 부상이 증가하는 경향이 있다는 것을 알아냈다.(미주6,7)

쿠션의 부정적인 면을 포착한 연구도 있었는데, 쿠션이 많은 신발을 신고 좀 더 빠른 속도로 달리게 되면 Impact Loading이 더 높게 관찰되는 것이 확인되었다. 이 연구에서는 쿠션이 많을 경우 무게 중심을 유지하기 위해 하체가 더 뻣뻣하게 되어 Impact Load자체는 증가된다고 말하며 과한 쿠션의 부정적인 측면을 강조했다.(미주8)

신발은 보조기의 영역과도 겹치는 부분이 있고, 착지법과도 밀접한 관계가 있다. 과도한 평발이나 심한 회내 변형을 제어하려다 보면 신발의 영역인지 보조기의 영역인지 구분이 어려워지기도 한다. 맨발 러닝과 최소주의자Barefoot and Minimalist 지지자들은 포어풋 착지와 미드풋 착지Forefoot and Midfoot strike 를 선호하고, 쿠션화를 신고 달리는 러너들은 리어풋 착지 패턴을 보이는 경우가 많기 때문에 착지법에 따라 신발의 타입이 정해지기도 한다.

신발처방의 패러다임은 이처럼 많은 변화를 거쳐 왔지만 "이것이 정답이다"라고 설명할 수 있는 알고리즘은 아직 없다. 신발처방의 패러다임이 러너의 효율성과 퍼포먼스, 달리기 부상에 얼마나 큰 영향을 미치는 가에 대해서는 앞으로도 꾸준하게 전문 엘리트선수, 수많은 러너들, 동작 분석 연구자들, 전문가 집단에 의해 분석되고 재조명되어야 할 것이다. 이러한 기대와 믿음을 충족하기 위해서는 맹목적인 분석보다는 새로운 신발처방에 대한 대규모 무작위 대조군, 전향적 연구가 필요하다. 그런 산고를 충분히 겪은 이후 신발처방에 대한 새로운 패러다임이 제시되었을 때, 러너의 부상 방지와 달리기 효율이 극대화될 수 있다.

달리기 건강 체크는 꼭 필요한가?

40대 이상 중년인데 처음으로 마라톤 등 달리기에 도전하거나 평소 고혈압, 당뇨, 심혈관계 질환, 과체중 등 병력이 있거나 평상시 운동할 때 가슴이 답답하고 호흡에 이상을 느끼거나 심장이 너무 빨리 뛰는 것처럼 느껴지는 사람들은 달리기 전에 달리기 건강 체크를 하는 것이 좋다. 또한 가족이나 친지 중에 심장혈관계 질병 혹은 만성 질환을 지니고 있는 러너에게도 이러한 검사는 권장된다.

이때 중점을 두어야 하는 것은 심장혈관Cardiovascular 계 검사다. 달리기로 돌연사가 발생했을 경우 그 원인의 80~90%는 심장혈관계 문제다. 40대 이상이 되면 유전적인 요소 외에 비만, 흡연, 음주, 과식, 피로 축적 등으로 당뇨병, 고혈압, 고지혈증 만성 질환이 발생하기 쉽다. 이러한 만성 질환은 혈관 내경을 좁게 만들고 심근 자체에 산소가 부족하게 되어, 심박수가 증가했을 때 협심증이나 부정맥이 발생하기 쉬워진다. 이럴 때 나타나는 증상에는 가슴을 조르는 흉통, 압박감, 식은 땀, 두근거림, 심계항진, 호흡 이상 등이 있다. 하지만 대부분 안정 시 이와 같은 증상이 없고 심전도나 초음파 등에서도 전혀 이상이 발견되지 않는다. 따라서 달려도 괜찮은지를 판단하기 위해서는 심장혈관계 화상 진단이나 실제 달리면서 심전도를 검사해 볼 필요가 있다. 잠재된 심혈관 질환이나 운동으로 인한 과도한 혈압 상승, 운동 유발성 부정맥 등이 발견될 수 있기 때문이다.

달리기 전에 필요한 건강 체크는 무엇일까요?

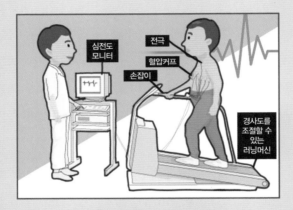

- 병력이나 가족 병력, 자각 증상 유무 등을 질문을 통해 검사한다.
- 전문 의료인을 통해 시진(육안으로 검사), 청진(청진기를 통한), 촉진(손으로 만져 검사) 등 이학적 검사를 시행한다.
- 기본적인 혈액 및 소변 검사를 시행한다.
- 심장초음파 검사로 심장의 형태적 이상이 유무를 체크한다.
- 가장 중요한 단계인 운동 부하 검사를 시행한다.

운동 부하 검사는 실제 달리면서 심전도와 혈압을 측정하는 검사를 말한다. 자전거 에르고미터를 사용하는 경우도 있다. 이 검사에서는 심박수가 증가하는 것에 따라 자각 증상과 심전도 이상, 부정맥 등이 발생하는지 여부를 검사한다. 운동 부하 검사를 통해 심박수, 혈압, 산소 섭취량, 이산화탄소 배출량, 환기량, 무산소성 역치, 젖산역치, 환기역치, 호흡 교환율, 안정시 대사량, 자각적 운동 강도, 심전도, 목표심박수 등을 측정 할 수 있다.

경우에 따라서는 홀터 심전도(심전도를 착용한 채로 집으로 돌아가 24시간 연속 심장의 상태를 기록하는 검사)로 실제 달리면서 검사하기도 한다.

호흡기계 질환이 의심되는 사람에게는 호흡기능 검사도 실시한다.

건강 체크는 어디서 받을 수 있나?

운동 부하 검사는 일부 병·의원에서 가능하다. 달리기를 위한 건강검진을 받을 수 있는 건강검진센터나 스포츠의학 센터를 미리 확인하고 가는 것이 좋다. 최근에는 보건소와 보건지소에서 간단한 운동부하 검사를 시행하는 곳도 있다.

• 운동 부하 검사 센터

경희대학교 스포츠과학연구원	(031) 201-2249
삼성서울병원 스포츠의학센터	1599-3114
상계백병원 운동의학 클리닉	(02) 950-1280
서울대병원 건강증진센터	(02) 2072-3333
세브란스 헬스체크업	1588-7757
서울송도병원 건강검진센터	(02) 2231-0900
인하대병원 심혈관센터	1600-8114
서울아산병원 스포츠건강의학센터	(02) 3010-3114

Part.3

30km

달리기
부상
A to Z

달리기 부상이란?

달리기 부상의 정의

뛰기 시작하다 보니 아픈 곳이 생기는데 저 혹시 부상당한 건가요? 달리다 보면 무릎이 아파오기 시작하는데 관절이 망가지는 건 아닌가요? 뛰다가 조금 지나면 통증이 사라지는데 이런 경우는 괜찮은가요?

달리기를 처음 시작하거나 달리기를 즐기는 러너들이 흔히 하는 질문들이다. 달리기로 인해 본인이 부상을 입은 것인지, 달리기를 시작하면 원래 그렇게 아픈 것인지, 그냥 놔두면 자연 회복되는지, 치료받기 위해 병원에 가야 하는지, 달리기를 중단하고 쉬어야 하는지 등 궁금증은 다양하다. 아직까지 달리기 부상에 대해 많이 알려져 있지

> ### ☑ 달리기 부상의 요소
>
> - **신체적 증상:** 신체의 불편감 호소, 통증, 신체 전반의 변화, 구조의 변화
> - **운동의 변화:** 통증으로 인한 달리기의 거리 변화, 달리기의 속도 변화, 달리기 연습량의 변화
> - **의학적 치료:** 의사의 진료가 필요한 상태로 약물 치료나 물리 치료, 주사 치료를 요하는 상태

않고 그 분야에 대한 전문 서적이 흔하지 않기 때문일 것이다. 과연 달리기 부상이란 무엇이고 어떻게 정의를 내려야 하는 것일까? 먼저 달리기 부상은 3개의 요소로 이루어져 있다.

다시 말하면 달리기로 인한 통증으로 신체의 변화가 느껴지고, 달리는 속도나 거리에 변화가 생기게 되며, 이로 인해 의사의 진료를 받아야 하는 것을 말한다.

통증을 민감하게 느끼는 러너는 조금이라도 아프면 무조건 부상으로 생각하고 당장 달리기를 멈춰야 한다고 생각한다. 통증에 대한 인내심이 뛰어난 러너는 피로골절 정도는 되어야 부상이 아니냐고 반문하기도 한다. 이렇듯 통증이란 주관적인 느낌이기 때문에 받아들이는 사람에 따라 달라질 수 있다. 이러한 이유로 달리기 부상의 정의도 다양하다. 2010년 영국스포츠의학회지 BJSM 에 따르면 달리기와 연관되어 나타난 하체나 허리의 통증으로 적어도 하루 이상 달리는 데 제한이 오는 상태라고 한다. 2013년 정형외과스포츠의학회

지 OJSM 에 의하면 1주일 이상의 통증으로 달리기를 쉬게 되었을 때라고 정의 했다.

정의에 따라 달리기 부상의 발생률은 25%에서 84.5%까지 큰 차이가 있다. 10명이 달렸는데 2명이 부상을 입는 것과 8명이 부상을 입는 것은 분명히 다른 인식을 준다. 달리기로 인한 통증으로 하루 쉬는 러너와 일주일 동안 통증으로 고생하는 러너의 수 역시 분명 다를 것이다. 이러한 결과는 러너에게 정말 달리기 부상인지 아닌지에 대한 혼선을 초래하여 앞으로 운동 계획 수립과 대회 출전에 있어 많은 고민을 갖게 한다. 또한 달리기 부상과 관련된 여러 요소의 인과관계를 규명하는 연구를 하는 데 많은 오류를 만들 수 있다.

이러한 논쟁을 없애기 위해 2015년 야마토 등, 9개국의 38명의 전문가들이 달리기 부상의 정의에 대해 합의하였다. 달리기와 관련된 하지의 근골격계의 통증으로 적어도 일주일 이상 혹은 3일의 연속된 운동 스케줄에서 달리는 거리, 속도, 기간, 훈련 방법의 제한이나 변화가 생겼을 때를 달리기 부상이라고 정의하였다.

• 달리기 부상의 범위는 어디까지일까?

달리기는 전신 운동이다. 달리기 부상이라 하면 주로 하체만 생각하는 경우가 많다. 물론 하체에 빈번하게 발생한다. 하지만 러너에 따라서는 허리 통증, 목 주변 근육의 통증, 갈비뼈 주변의 통증, 손목의 통증, 어깨의 통증이 나타나는 사람도 종종 있다. 달리기를 할 때 다리만 사용하는 것이 아니라 다른 부위와 조화가 협력이 필요하기 때문이다. 상지나 코어 쪽의 부상은 흔하지 않지만 달리기 부상의 범위에 포함시켜야 한다.

• 달리기 부상에서 통증이란?

통증은 우리 몸을 보호하기 위한 일종의 방어체계이다. 우리 몸은 방어할 수 없는 외력, 화학적 작용, 생물학적 작용에 대하여 통증이란 비상알람체계를 이용하여 대뇌에 신호를 보낸다. 즉 아프다는 경고를 보내어 몸을 보호하려는 것이다. 사실 장거리 달리기를 하면서 통증이나 고통을 조금도 느끼지 않는 사람은 없다. 다만 어디까지가 정상적인 범주에서의 고통이나 뻐근함인지, 어디서부터 병적인 통증인지 판단해야 한다. 처음 달리기를 시작하는 초심자에게 이러한 구분은 더더욱 어렵다.

달리기와 연관되어 나타나는 통증의 양상은 각 질병마다 조금씩 다를 수 있어 개별적인 설명이 필요하다. 다만 알아두어야 할 달리기 부상 통증의 보편적 양상은 상당히 샤프하고 무엇인가 찢어진 듯이 아프다. 통증은 진행형이며, 명확한 압통점이 좁고 깊게 보이는 경우가 많다. 뻐근하며 통증 부위가 넓은 경우에는 지연성 근육통(DMOS)일 경우가 많다.

• 통증은 얼마나 지속될까?

달리기 부상으로 인한 통증은 대체적으로 1~2일내에 사라지지 않는다. 2015년 야마토 등이 7일 이상 지속되는 통증으로 달리기 부상을 정의하는 데는 분명 이유가 있다. 지연성 근육통이나 일반적인 단순 과사용은 하루나 이틀만 완전하게 쉬어주면 좋아진다. 여기서 약간의 그레이존이 발생하는데, 바로 2~7일 사이의 통증이다. 러너에 따라서는 이 시기의 통증이 달리기 부상으로 인한 통증일 수도 있고, 단순 근육통이 회복되는 기간일 수도 있다. 대회가 임박하거나 무엇인가 준비해야 하는 기간에는 2~3일 기다렸는데도 통증이 사라지지 않고 불안감을 가중시키는 경우가 있다. 이런 경우 달리기에 관해 전문적 지식을 가지고 있는 트레이너나 선수, 달리기를 즐겨하는 의사를 찾아 진료와 상담을 받는 것이 현명하다.

티모시 녹스Timothy Noakes 에 의하면 달리기 부상은 아래와 같은 4단계를 거쳐 발생한다고 한다.

✅ **달리기 부상의 단계(《부상없이 달리기》 중)**

- **1단계:** 운동 후에만 통증이 나타나고 운동을 마친 후 몇 시간 이후에 사라지는 부상
- **2단계:** 운동하는 동안 통증까지는 아닌 불편감이 느껴지지만, 훈련을 줄이거나 경기를 중단할 정도에 미치지 않는 부상
- **3단계:** 훈련에 제한을 주고 경기를 중단해야 할 정도로 통증이 심한 부상
- **4단계:** 증상이 심하여 어떠한 달리기도 불가능한 부상

달리기로 인하여 통증이 발생했을 때 적절한 대응을 하지 않는다면 위의 단계처럼 순차적으로 부상이 진행된다.

달리기 부상은 왜 찾아오는가?

달리기 부상으로 고통 받는 러너들은 인터넷이나 sns를 통해 스스로 이유를 찾거나, 달리기, 고수, 트레이너, 유튜버들을 통해 원인을 듣는 경우가 많다.

"착지법이 문제다. 착지를 바꿔야 한다."

"발의 아치가 낮아서 생기는 통증이다. 신발을 바꾸거나 깔창을 사용하여 발목의 움직임을 잡아줘야 한다."

아주 틀렸다고 말할 수는 없겠지만 그렇다고 정답이라고 말할 수도 없다. 달리기 부상을 본인의 경험의 틀에서만, 일부의 시각에서만 판단하는 데에 문제점이 있다. 달리기 부상을 일으키는 의심되는 무수한 요인들은 아직도 연구가 진행 중이고, 과학적인 검증이 진행 중인 상태이다. 이러한 상황에서 불확실한 하나하나의 요인들에만 신경을 쓰다 보면 큰 그림을 놓칠 수가 있다.

달리기 부상의 가장 큰 원인으로 먼저 생각해야 하는 것은 반복되는 과부하와 급격한 변화 그리고 신체의 전후 좌우 불균형이다. 러너가 부상을 입었다면 가장 먼저 이 3가지의 요인을 분석하고 그 이후에는 달리기 부상과 관련성이 있어 보이는 개별적인 요인들을 생각하는 것이 순서다.

반복되는 과부하

달리기는 순간적으로 삐끗하면서 외상을 당하는 경우가 있기는 하지만, 다른 스포츠와 다르게 누가 와서 부딪히거나, 공에 맞거나, 백 태클을 당하여 인대가 파열되거나 골절상을 입을 확률은 극히 드물다. 장거리 달리기를 하게 되면 신체를 전후, 수직, 좌우방향으로 반복적으로 움직이게 된다. 이렇게 지속되는 움직임은 발목, 무릎, 정강이, 허벅지 근육, 고관절, 허리에 수직 압력과 외력을 일으키고 그 부하가 신체의 한계점을 넘을 때 러너의 근골격계는 부상을 당하고 통증을 느끼게 된다. 이렇듯 달리기 부상의 기본적인 원인은 신체가 달리기의 반복적인 과부하를 견디지 못해서 발생하는 것이다. 결국 달리기 부상을 줄이려면 몸이 받는 부하의 총량을 줄이거나 부하를 버틸 수 있는 몸을 만들어 주어야 한다. 최근 하루에 달리는 거리가 늘어나지는 않았는지, 주당 달리는 누적거리의 양이 증가하지는 않았는지, 주말 장거리 러닝을 하지 않았는지, 최근 대회에 많이 참가하지는 않았는지를 먼저 체크하는 것이 좋다. 반복되는 부하의 양이 얼마나 늘어났는지 먼저 생각해봐야 한다.

급격한 변화

두 번째로 최근 급격한 변화가 생겼는지를 파악하는 것이다.

달리기 착지법을 레슨받고 한 번에 리어풋 착지에서 포어풋이나 미드풋 착지로 전환하고 있지는 않은지, 쿠션의 높이가 다른 새로운 신발을 구매하여 달리고 있지는 않은지, 달리는 코스나 운동의 종류가 갑자기 바뀌지는 않았는지, 달리는 속도를 급격하게 올리지는 않았는지 등을 우선적으로 고려해야 한다.

엘리트선수의 경우에는 달리기를 어린 시절부터 접하다 보니 몸이 자연스럽게 달리기에 최적화된 체질로 바뀌게 된다. 하체 근육의 힘, 코어 근력, 상체의 균형, 심폐지구력이 어느새 달리기에 최적화되어 반복적 부하에도 무리 없이 잘 버틸 수 있다. 하지만 청소년 시기에 운동을 자주 접하지 못했고, 성인이 되어서도 생업에 바빠 운동하기를 등한시했다면 달리기 동작에 생각보다 익숙해지기가 어렵다. 쉽게 말하면 몸이 어린 시절에 뛰어 놀던 동작을 잊어버리고 근육이나 인대, 관절조직이 약해져 버린 것이다. 그러한 상황에서 달리기를 시작한다면, 몸이 조금씩 달리기에 반응하고 달리기에 맞는 운동 신경과 근력, 위치 감각, 좌우 균형이 천천히 성장할 시간이 필요하다.

이것을 기다리지 못하고 신체에 어떠한 급격한 변화를 가한다면 달리기 부상으로 이어지는 경우가 생기게 된다.

이러한 맥락에서 급격한 변화라는 것을 생각해보면 이해하기 쉽다. 리어풋 착지에 사용되는 근육과 포어풋·미드풋 착지에 사용되는 근육은 다르다. 리어풋 착지의 경우 무릎과 허벅지에 부하가 많이 발생하고, 포어풋·미드풋의 경우 발목과 종아리에 부하가 발생한다. 리어풋 착지에 모든 근육이 발달하고 익숙해져 수십 년을 지내왔는데, 하루아침에 포어풋·미드풋 러닝으로 뜯어고친다면, 그동안 사용하지 않았던 근육, 인대에 무리가 오게 되어 부상을 당할 수도 있다. 신발의 구조, 달리는 지면의 높낮이, 방향성, 달리는 속도 역시 한 번에 급격하게 변화를 줄 때 부상 위험이 커진다.

달리기 부상을 막으려면 10%의 룰을 지켜야 한다는 것도 이러한 이유다. 달리는 거리의 변화, 달리는 속도의 변화, 주법의 변화, 신발의 변화, 보폭의 변화를 줄 때에도 평소 달리는 습관에서 10%씩 일주일 간격으로 서서히 변화를 주어야 몸이 그것에 적응한다. 어떤 마라톤선수가 보폭을 15cm 늘리는 데 2년이 걸렸다고 하는 이야기가 떠오른다. 욕심을 내려놓고, 몸이 달리기에 적응하기까지 기다리는 인내와 노력이 필요하다.

밸런스 불균형

세 번째는 신체의 전후 좌우 밸런스 상태를 확인해야 한다. 달리기는 어떻게 보면 철저한 전후 좌우 밸런스 운동이다. 앞이나 뒤로 무게중심이 쏠려 있거나, 한쪽 발에 체중 부하를 더 많이 싣는다면 무리가 가는 것은 당연하다. 자신이 달리는 모습을 측면이나 후면에서 촬영하여 지면에 거의 수직이 되는 척추 자세를 유지하고, 좌우의 균형이 조화로운지를 확인해야 한다. 전후의 균형은 거북목 때문에 달팽이관의 고유위치감각이 달라져 있어, 기울어진 경우가 많다. 달릴 때 척추가 너무 앞쪽으로 쏠리게 되면 고관절, 무릎, 발목의 각도 변화가 생기면서 부상의 위험이 커진다.

좌우의 균형은 누구나 다를 수가 있다. 오른손잡이와 왼손잡이가 있듯이 하체도 공을 차는 발, 즉 주된 동작을 수행하는 발이 따로 있다. 이것은 달리기 동작의 퍼포먼스 면에서 영향을 주며 좌우 근육 발달에 차이를 만든다. 예를 들어 중둔근의 경우 좌우 근육의 균형이 다르면, 착지할 때 골반이 한쪽으로 기울어지며 장경인대와 발의 회내 변화에 영향을 미치게 된다. 착지 시 편측으로 반복되는 부하와 근육의 과사용은 결국 부상으로 이어지게 되며 이를 간과하고 놓치는 경우도 많다.

이 세 가지 요인을 먼저 체크한 이후 개별적인 달리기 부상의 요소들과의 연관성을 파악하는 것이 달리기 부상의 원인을 파악하는 올바른 순서이다. '뱁새가 황새를 쫓아 가면 가랑이가 찢어진다' 라는 말은 러너에게는 정말 딱 들어맞는 명언이다. 러너가 달리기 부상을 피하려면 몸이 알아서 잘 뛸 수 있을 때까지 급격한 변화를 줄이

30km

주요인
1. 반복되는 과부하
2. 급격한 변화
3. 밸런스 불균형

관련된 개별요소
체중, BMI, 성별, 나이, 달리기 경험의 유무, 과거 부상 경력, 달리기 거리 변화, 속도 변화, 훈련 빈도, 훈련 수준, 훈련방식의 일관성, 경쟁적인 달리기, 보폭, 착지법, 하지의 정렬 이상, 제한된 관절 운동 범위, 신발, 보장구, 달리기 지면, 유연성

고 운동량을 서서히 증가시키며 전후 좌우의 밸런스가 좋은 몸을 만들어주며 꾸준히 달려주는 것이 중요하다.

얼마나 많이 발생할까?

　얼마나 많은 러너에게 달리기 부상이 발생할까?

　1989년 Bovens AM 등은 달리기 부상의 발생률이 84.9%라고 보고하였다. 10명이 달리기를 할 때 8명 정도에서 부상이 발생한다는 빈도로서 달리기가 마치 스케이트보드나 BMX Bicycle Motocross 자전거와 같은 위험한 스포츠로 오인될 수 있는 수치이다. 역학적 조사를 시행하는 과정에서 달리기 부상의 정의를 달리는 거리, 속도, 달리는 횟수에 조금의 제한을 주거나, 달리기 활동과 관련한 어떠한 불편감이 생겼을 때를 모두 달리기 부상으로 정의했다. 조금의 제한이나 불편감도 부상으로 간주하였기 때문에 달리기 부상 발생률은 상당히 높은 수치를 보였다.

반면 Blair 등은 적어도 일주일 동안 달리기를 멈춰야 하는 손상이 있을 때를 달리기 부상이라고 정의하고 조사를 시행하였다. 그 결과 달리기 부상 발생률은 24%로 나타났다. 이렇듯 달리기 부상의 정의만 조금 바뀌어도 발생률의 차이는 24%에서 84.9%까지 다양하게 나타날 수 있다.

2016년 트라이애슬론 포럼Triathlon Forum 에서는 달리기 부상의 발생률에 관련한 많은 연구물들의 결과를 계량적으로 종합하여 고찰하는 메타 분석을 시행했다. 정의에 따른 발생률의 차이가 너무 현격한 차이를 보이기 때문에 개별 연구결과들을 비교 분석하여 거시적인 연구결과를 이끌어냈다. 먼저 초보자와 일반 취미러너 간에 달리기 부상 발생률을 메타 분석한 결과를 보자. 초보자에서는 17.8%, 일반 취미러너에서는 7.7%로 달리기를 처음 시작한 초심자에게 더 많은 달리기 부상이 발생함을 보여준다.

달리는 거리와 달리는 유형에 따른 연구에서는 울트라마라톤처럼 극도의 장거리를 달리는 종목에서 65.6%로 가장 높은 부상 발생률이 나타났다. 장거리 트랙경기에서는 15.6%로 마라톤종목의 7.8%보다 높았다. 트랙 경기는 한 방향으로 계속 회전하며 달려야 하기 때문에 좌우밸런스가 깨지기 쉬워 부상의 위험이 직선주로보다는 높다. 일반 도로달리기보다 트랙 단거리를 빨리 달리는 종목에서 부상위험이 큰 것으로 조사되었다.

▶ 달리기 부상 발생률

러너 타입	달리기 부상률(%)/1000시간당	연구 디자인	관련 연구(건)	참고자료(건)
초보러너	17.8(95% CI 16.7 to 19.1)	메타 분석	5	21
취미러너	7.7(95% CI 6.9 to 8.7)			

▶ 달리기 거리와 유형에 따른 달리기 부상 발생률

달리기 종류	부상 발생률(%)	연구 디자인	관련 연구(건)
울트라 마라토너	65.6 (95% CI 55.6 to 74.4)	메타 분석	5
장거리트랙러너	15.6 (95% CI 11.2 to 21.2)		2
중거리트랙러너	12.8 (95% CI 7.0 to 22.3)		2
마라토너	7.8 (95% CI 2.9 to 19.2)		4
단거리트랙러너	7.2 (95% CI 3.9 to 12.9)		2
로드러너	0.9 (95% CI 0.2 to 3.8)		3

30km

어느 부위가 가장 많이 다칠까?

　달리기 부상의 역학조사는 다양하게 진행되고 있으나 부위별 정확한 부상빈도를 말하기는 어렵다. 흔히 알려진 달리기 부상의 위치별 빈도는 무릎 7.2~50%, 정강이 9~32.2% 허벅지 3.4~38%, 발 5.7~39.3%, 발목 3.9~16.6%, 골반·엉덩이 3.3~11.5%, 허리 5.3~19.1%로 보고된다. 대체적으로 무릎에서 가장 많이 발생하고, 정강이, 족부, 허벅지에서는 비슷한 빈도로 발생한다. 그다음으로는 골반과 고관절, 허리에서 통증이 생기며 간혹 경추부나 상지에서도 발생할 수 있다.

　2019년 고려대학교 KUMA 연구팀(임혜창, 김성종, 전진성, 남혁우, 장기모)이 우리나라 1,046명의 취미러너를 대상으로 설문조사를

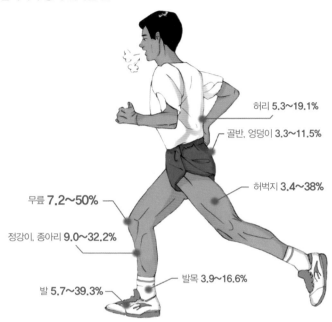

허리 5.3~19.1%

골반, 엉덩이 3.3~11.5%

허벅지 3.4~38%

무릎 7.2~50%

정강이, 종아리 9.0~32.2%

발목 3.9~16.6%

발 5.7~39.3%

시행한 결과에서는 무릎, 발목 안쪽 순으로 달리기 부상이 호발하는 것으로 조사되었다. 2016 트라이애슬론 포럼의 메타 분석에서는 경골과로성골막염, 아킬레스건염, 슬개건염 순으로 정강이 쪽의 부상이 무릎 쪽의 부상보다 높게 나타난다고 보고되기도 했다.

　달리기 발생률과 부상 부위만 본다면 달리기가 상당히 끔찍하고 염려스러운 운동으로 생각되어질지도 모른다. 하지만 앞으로 설명하게 될 달리기 부상의 특징을 하나 미리 말하면 달리기 부상은 거의 모

▶ **달리기 부상의 상병별 빈도**

달리기 부상	발생률(%)	관련 연구(건)	연구 디자인
경골과로성골막염	13.6~20	3	
아킬레스건염	9.1~10.9	3	
슬개건염	5.5~22.7	2	
발목염좌	10.9~15.0	2	
햄스트링손상	10.9	1	체계적 문헌고찰
족저근막염	4.5~10.0	3	
장경인대염	1.8~9.1	2	
경골피로골절	9.1	1	
슬개대퇴동통증후군	5.5	1	

두 회복된다는 것이다. 달리기 부상의 발생 원인과 달리기 부상을 예 방하는 방법만 잘 이해한다면 달리기 부상은 잘 조절될 수 있고 생각 보다 두려운 부상은 아니라는 점을 다시 한 번 강조하고 싶다.

달리기 부상에 대한 오해와 진실

달리기 부상을 피하려면 과도한 욕심은 버리는 것이 좋다

사람마다 달리기에 맞는 체형과 유전자가 다르기 때문에 처음부터 천부적으로 빠르게 달리는 사람, 장거리에 최적화된 사람이 존재한다. 문제는 이러한 러너와 비교하며 자신을 채찍질하는 경우, 자신의 능력치보다 너무 높은 목표를 잡는 경우, 달리기에 모든 열정을 전부 쏟아 붓는 경우에 달리기 부상은 발생하기 쉽다. 물론 욕심이 없다면 발전이 없는 것은 맞다. 하지만 자신의 상태가 어떤지 스스로 판단하며 과한 욕심을 내려놓고 성취 가능한 목표를 설정해야 한다. 달리기는 정직한 운동이다. 재능이 없어도 꾸준하게 노력만 한다면 상위러너로 충분히 도약 할 수 있다.

달리기 부상의 원인은 복합적이며 개개인마다 다르다

달리기로 인해 부상을 입는 원인은 러너마다 제각각 다른 특징이 있기 때문이다. 너무 많은 요인과 변수가 작용을 하기 때문에 무엇 하나 때문이라 꼬집어 말하기 어려운 경우도 많다. 예를 들어 보자. 해양 경찰 시험에 합격하기 위해 달리기를 연습하는 30세의 건장한 청년이 있다. 키는 176cm에 체중은 78kg로 이학적으로 체형, 고관절, 무릎, 발의 형태에는 특이소견은 없었다. 한 발 런지를 할 때 좌측 골반의 밸런스가 흔들리는 이학적 소견을 보였으나 균형은 잘 맞췄다. 모든 운동을 즐겼고 다른 부상은 없었으며 평소 가벼운 조깅으로 5km를 주 2~3회 달렸다. 달리기 테스트에서는 3km를 km당 3분 40초 이내에 달려야 합격할 수 있으므로 평소 최대 스피드인 km당 4분 페이스에서 20초 이상 앞당기는 목표로 달리기에 임했다. 인터벌 훈련을 주 1회 시행하였고 주 5회 정도 달리기를 하였다. 훈련을 시작한지 2개월이 지나면서 빠르게 질주할 때에 우측 무릎 외측의 통증이 나타나더니 이후에는 가만히 있을 때에도 절룩거릴 정도로 통증이 심해졌다.

이 러너의 진단은 장경인대마찰증후군이며, 의심되는 부상의 요인으로는 급격한 달리기 속도의 증가, 과체중, 중둔근의 밸런스를 원인으로 생각해볼 수 있다. 하지만 이 러너에게는 추가적으로 한 방향으로 도는 트랙에서의 스피드 훈련이 증상을 악화시켰다. 중둔근은 좌측이 약하였는데 오히려 우측 무릎에서 증상이 나타났으며, 자세한 문진 결과 스피드를 올리고 코너를 돌 때 우측 무릎 외측이 무겁고 샤프한 통증을 느끼기 시작했다고 한다. 한 방향으로만 빠른 속도로 도는 트랙에서 좌우밸런스의 불균형으로 이러한 부상이 종종 발견되기도 한다.

이처럼 달리기 부상은 여러 가지 요인이 뒤섞여 나타나며 개개인마다 고유하게 부상을 일으키는 특징적 원인이 존재한다. 한가지에만 얽매여 치료에 전념하기 보다는 여러 가지 원인의 가능성을 열어놓고 다각도로 접근하는 것이 좋다.

달리기를 모르는 의사가 진단과 치료를 하기는 어렵다

저자도 정형외과전문의, 스포츠의학전문의였지만 달리기를 시작하기 전에는 정강이부목과 경골과로성골막염을 혼돈하였고, 러너스니Runner's knee의 큰 범주에서 대퇴슬부동통증후군, 장경인대염, 슬개건염이 이따금 함께 사용되고 있다는 사실을 알지 못했다. 오랜 시간 달리기를 연습하고 달리기 부상을 경험했을 때 중둔근의 중요성, 대체 운동, 보강 운동의 필요성을 깨닫게 되었다. 그만큼 달리기는 달리기 부상만의 고유한 통증과 부상의 특징, 자연 경과가 있기 때문에 달리기를 이해하지 못하고는 정확한 진단과 상세한 치료법을 이해하기가 어렵다.

달리기로 인해 무릎이 아파서 병원을 찾게 되면 대부분의 의사들은 관절염이 올 수도 있으니 절대로 달리기를 해서는 안 된다고 말하는 경우가 많다. 물론 의사 입장에서도 무릎이 아픈데 달리기를 허락했다가 통증이 악화된다면 난감해지기 때문에 그럴 수 있다. 하지만 무릎의 상태를 잘 파악하고 현재 관절 상태에 맞는 운동을 처방한다면 큰 문제없이 운동을 즐길 수 있다. 어떤 러너는 이러한 답을 얻기 위해 부산에서부터 하루 휴가를 내고 찾아왔다. 가벼운 러너스 니 증상이었는데 달리면 큰일 난다는 말을 듣고 낙담해서 찾아온 것이다.

달리기 부상의 진단과 치료에 있어서 가장 중요한 것은 달리기에 대한 관심과 경험이다. 정형외과, 내과, 소아과의 전문적인 분류보다는 달리기를 얼마나 즐기고, 관심을 가지고 있느냐에 따라 진단과 치료가 달라질 수 있다.

달리기와 관련된 부상은 거의 대부분 치유된다

일반적으로 특별한 신체적 결함이 없는 러너가 달리기 부상을 입었을 경우 8주 이내에 부상 전과 동일한 훈련을 할 수 있다고 한다 (Pinshaw et al 1983). 저자의 달리기 부상 경험이나 환자 치료 경험에 비추어 볼 때도 적절한 안정, 치료, 대체 훈련을 통해 거의 대부분 통증이 회복되고 달리기로 복귀할 수 있었다. 다만 얼마만큼의 시간이 소요되는지는 개개인에 따라 조금씩 편차가 있다. 달리기 부상을 입었다고 해서 너무 걱정할 필요는 없다. 어느 순간 또 달리고 있는 자신을 발견할 것이다. 하지만 여기에도 예외는 몇 가지 있으니 주의해야 한다.

대체 운동은 필수다

달리기 부상은 대체로 달리기를 멈추는 순간 통증이 사라지는 경우가 많다. 한두 달 정도 푹 쉬다 보면 다시 달리는 데 문제가 없어지기도 한다. 하지만 속도를 높이거나 거리를 늘리려고 하면 무엇인가 제동이 걸린다. 쉬는 동안 심폐지구력이 떨어지고 젖산역치도 감소하며 달리기에 필요한 근육이 약해지는 것이다. 부상 부위는 의학적 치료와 자연복원력으로 어느 정도 아물어 갈지라도 달리기에 필요한 신체는 그동안 퇴보한다. 그래서 달리기 부상으로 러닝을 할 수 없는 기간 동안에는 달리기에 필요한 심폐지구력, 젖산역치, 달리기 근육을 성장시키는 방법을 찾는 것이 좋다.

수영이나 자전거는 체중 부하가 달리기보다 적고 전신을 골고루 사용하면서 심폐지구력과 젖산역치를 유지하고 향상시키는 데 아주 훌륭한 운동이다. 수중 러닝도 좋은 방법이기는 하지만 아직까지 수

중 러닝머신을 갖춘 곳은 드물다. 스쿼트 운동으로 하체 근육을 키우는 것이 도움이 되며 달리기 동작과 비슷한 런지나 워킹 런지가 좀 더 효과적일 수 있다.

상체는 팔굽혀펴기 동작만으로 충분히 강화가 될 수 있으며 복근이나 코어 운동, 골반 활성화 운동은 그룹을 지어 같이 운동하는 것이 능률적이다. 달리기 부상으로 내가 운동을 못하게 된다는 생각보다는 다른 대체 운동으로 신체를 더 활성화시킬 수 있는 기회가 왔다는 긍정적 마음을 가지는 것이 좋다.

취미러너에게 퇴행성 관절염이 발생하기 어렵다

퇴행성 관절염이란 관절면을 덮고 있는 연골이 닳아 없어져 뼈가 노출되고 골극이 생겨 심한 통증과 운동의 제한이 오는 퇴행성 질환이다. 하지에서 퇴행성 관절은 주로 무릎 관절, 엉덩이 관절(고관절), 발목 관절에서 발생할 수 있다. 달리기와 같이 체중의 3배에서 9배까지 압력이 상승하는 운동은 퇴행성 관절염을 유발시킨다는 우려가 많다. 하지만 이러한 우려는 일생 동안 달리기를 너무 심하게 했던 소수의 엘리트선수에게 발생했고[미주9], 취미로 달리는 수준의 달리기에서는 퇴행성 관절염 위험이 증가했다는 보고는 드물다.

걷기와는 다르게 지면을 박차고 착지하는 달리기는 관절에 가해지는 압력이 증가하여 관절염이 오기 쉬운 운동으로 생각하기 쉽지만 여기에는 아직까지 뚜렷한 과학적 연구결과가 없다. 장거리 달리기 이후 MRI의 영상 변화와 삼출액의 조성이 조금 달라졌다는 결과들이 보고는 되고 있으나, 아직까지 그 변화가 관절염과 직접적인 인과관계가 있다고 이야기하기에는 무리가 많다.

성급한 결론을 내리는 사람을 멀리하라

달리기를 하다 보면 평생 한두 번은 아플 수 있다. 달리기뿐 아니라 모든 운동도 마찬가지다. 하지만 달리기 부상의 특징 중 하나는 거의 모두 회복된다는 점을 언급했다. 물론 회복되기까지 정확한 진단과 치료, 대체 운동을 통해 적절한 대응을 한다면 부상은 독이 아니라 약이 될 수도 있다. 하지만 대회나 달리기 트랙에서 달리기를 하다 아픈 부위가 생겼을 때, 즉 러너가 달리기 부상 환자가 되면, 주변의 모든 사람이 갑자기 의사가 되어 진단하고 치료하기 시작하는 경우가 많다.

"이건 족저가 온 거니 지압봉으로 마사지를 세게 해주면 좋아져."

"주법이 잘못 되었네, 착지를 바꿔야 해, 착지만 바꾸면 완치될 수 있어."

"신발 때문이네. 이것 말고 다른 회사의 *** 제품을 꼭 구입하도록 해봐."

"한의원가서 침 맞아. 침이 최고라니까."

"그냥 3주 푹 쉬면 싹 좋아져."

이러한 이야기들은 대부분 러닝 선배들로부터 구전되어 내려오는 이야기이기 때문에 초심자들의 마음은 쉽게 동요된다. 신발도 바꾸어 보고 착지도 신경써 보고 침도 맞아 본다. 마사지도 해 보고 달리기와 담을 쌓고 시간이 지나길 기다린다. 그런 이후 다시 달리게 되면 또 통증을 마주치게 되는 경우가 많다. 과연 무엇이 잘못된 것일까?

달리기 부상은 여러 원인이 복합적으로 연관되어 발생하게 되며 부상의 요인 자체도 아직 명확한 과학적 규명이 끝나지 않은 것들이 많다. 그렇기 때문에 한 가지 요인으로 단정 지어 그것에 맞게끔 치료나 운동 방법을 설정하는 데에는 많은 무리가 따른다. 평발이면서 엉덩이의 근력(중둔근)이 약한 러너가 새로운 착지법을 시도하며 갑자기 주간 러닝 거리를 30km에서 60km로 2배로 늘리며 달리기 부상을 입었다면 과연 뭐가 문제일까? 신발을 바꾼다? 엉치 근력만 키우면 문제 없다?

보는 시선에 따라 어떤 것을 원인으로 삼고 어떻게 치료하는 지에 대한 견해는 정말 천문학적으로 다양하다. 달리기 부상의 원인과 치료법, 대체 운동, 운동으로의 복귀를 설명하는 데에는 한마디의 사이다 같은 발언보다는 여러 가지 요인을 심사숙고하고 분석하며 이렇게 해보고 저렇게 해보면서 러너에 맞는 상황을 다각도로 고심하는 자세가 중요하다. 한번만 먹으면 다 좋아진다는 약 장수 같은 말보다는 결론이 없는 것처럼 이야기해도 자세히 서술하는 사람의 말에 진리가 있다.

달리기 부상으로 수술까지 생각하는 경우는 드물다

달리기로 인한 부상의 원인은 대부분 과사용에서 기인한다. 물론 외력에 의한 부상도 있다. 부딪히거나, 삐끗하거나, 산에서 미끄러져 넘어지는 경우가 해당될 것이다. 외력에 의한 부상은 외력의 크기에 비례하여 골절을 입거나 인대가 파열되면 수술을 해야 할 때가 있다. 하지만 달리기로 인한 피로의 누적이나 과사용으로 수술대에 오르는 일은 드물다. 근육 손상은 2주 내외, 인대의 통증은 3주 내외, 중족골 피로골절은 5주 내외, 정강이피로골절은 8주 내외의 치유시간이 필요하지만 대부분 비수술적으로 치료가 가능하다. 이따금 보존적 치료에 반응하지 않는 통증이나 전문적인 운동선수인 경우 수술을 고려하는 경우가 있기는 하지만, 일반적인 취미러너 레벨에서 달리기 부상만으로 수술이 필요한 경우는 드물다고 생각하면 된다.

지면의 충격을 줄여라

달리기 부상은 지면에 착지할 때 상승하는 신체의 부하에서 문제가 발생한다. 부하는 체중의 3배에서 8배까지 상승할 수 있는데, 부상을 줄이려면 이 압력을 잘 컨트롤 하려는 노력이 필요하다. 무리하게 커진 보폭이나 지면에서 너무 높이 뛰며 달리는 자세는 발목, 무릎, 고관절, 척추에 충격을 가중시킨다. 착지를 사뿐하게 한다는 이미지를 머릿속에 넣어야 한다. 무릎을 니 킥(Knee Kick) 하듯이 들어 올리는 이미지도 좋고, 발을 사뿐히 원을 그리며 구르는 이미지도 좋

다. 최대한 착지 때 충격을 최소화하기 위한 노력이 필요하다. 소리도
없이 앞질러가는 고수의 러닝 폼에서 강한 배움을 얻을 수 있다.

달리기 부상 치료단계

    달리기 부상의 치료는 병변의 치료, 대체 운동(근력 강화, 보강 운동), 달리기로의 복귀의 3단계로 나눌 수 있다. 각 개별적인 부상에 따른 치료는 조금씩 다를 수 있으므로 달리기 부상의 각론에서 부상별로 다시 설명하고, 여기서는 전반적인 치료단계에 대하여 단계별로 언급하겠다.

    달리기 부상의 치료는 우선 소염 치료와 재생 치료로 나눌 수 있다.

☑ 염증(Inflammation) 반응이란?

염증(Inflammation)은 특정 조직의 손상 또는 감염에 대한 일종의 생체 내 반응이다. 달리기로 인한 과사용, 과부하로 인하여 특정 근육이나 인대의 연부조직이 손상 되면 면역세포를 매개체로 염증반응이 발생한다. 균이나 바이러스 등의 외부 침투 요인으로 염증(Infection)이 발생할 수도 있으나 달리기 부상에서 발생하는 염증과는 성질이 다르다. 이러한 염증의 목적은 조직의 손상을 최대한 억제하고, 조직의 재생과 치유를 목적으로 한다.

염증은 정상적인 자기방어의 기전이고 염증반응이 있어야 달리기 부상 부위가 치료되고 회복되는 것이다. 하지만 외력의 크기가 크고 부상의 이완 기간이 길어지게 되면 자기 방어의 기전이 너무 활성화되어 오히려 신체에 악영향을 미치게 된다. 일반적으로 조직이 손상되게 되면 히스타민, 키닌 등의 물질이 모세혈관의 투과성을 증가시켜 혈류량을 증가시키고 염증세포와 식세포들이 부상 부위로 모여들게 된다. 하지만 과도한 염증반응은 달리기 부상부위의 부종과 발열반응이 생기게 되고 극심한 통증까지 동반한다. 급성기염증의 치료는 과도한 염증반응을 줄이고 통증을 없애는 것이 그 목표다.

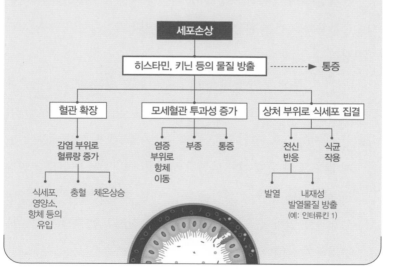

소염 치료 | 급성시기에 염증을 가라앉히는 치료

- **RICE** Rest, Icing, Compression, Elevation

스포츠 부상으로 근육이나 골격계에 손상이 생겼을 때 가장 먼저 실시할 수 있는 대표적인 응급처치 방법으로 Rest, Icing, Compression, Elevation의 첫 글자를 따서 RICE 혹은 RICE요법이라 부른다.

- 안정Rest : 우선 달리기 부상 부위의 움직임을 최소화해야 한다. 부상 이후에도 움직인다면, 손상이 더욱 악화하고 출혈과 부종이 심해지므로 적절한 휴식을 취하고, 부상 부위의 과도한 사용과 체중이 부하되는 활동을 멈춰야 한다. 24~48시간 동안 안정을 취하며 통증의 양상을 잘 관찰하는 것이 중요하다. 휴식은 충분하되 기간은 가능한 짧게 하는 것이 달리기로의 복귀를 앞당길 수 있다.

- 냉각Ice : 부상 부위에 얼음 팩으로 찜질을 한다. 부종과 통증을 줄이기 위한 것으로 하루에 10~20분 동안, 3~4회 혹은 그 이상 실시하도록 한다. 얼음 팩을 수건으로 감싸 직접 피부에 닿지 않도록 한다. 붓기가 완전히 사라졌다면, 냉찜질 대신 온찜질을 시작해도 된다. 온찜질은 빠른 부상 회복을 위한 것이며, 냉찜질과 동일하게 온찜질 팩이 피부에 직접적으로 닿지 않도록 주의하여 시행한다.

- 압박Compression : 압박 단계에서는 탄력 붕대를 이용하여, 부상 부위를 가볍게 압박을 한다. 적절한 강도의 압박은 붓기 감소에 도움을 주며 내출혈이 있었을 경우 내출혈 감소에 도움이 된다. 붕대는 부상 부위보다 조금 넓은 범위를 지긋하게 압박하도록 한다. 붕대가 환부를 너무 꽉 조인다면 오히려 부종이 악화되고 신경 손상의 우려가 발생하니 유의하도록 한다.
- 거상Elevation : 마지막 단계에서는 부상 부위를 심장보다 높은 곳에 위치시킨다. 중력으로 인하여 부상 부위의 혈액 몰림 현상을 줄여 붓기 완화를 기대할 수 있다.

• 약물 치료

불필요한 염증반응은 적합한 소염제를 사용하여 조절한다. 달리기를 하는 러너나 다른 운동을 좋아하는 스포츠 인들은 운동을 한다는 이유로 약을 먹는 것을 상당히 금기시 하는 경향이 있다. 약은 진통제라는 인식이 팽배하기 때문일 것이다. 소염제는 염증을 가라앉히고 조절하는데, 이 염증반응이 안정되면 통증은 자연스럽게 사라진다. 그래서 소염진통제라고 말한다. 그와 다르게 진통제는 환부에 작용하는 것이 아니라 대뇌피질의 통증 수용체에 작용하여 통증을 못 느끼게 하는 기전이 있는 다른 약물이다(타이레놀로 잘 알려져 있는 아세트아미노펜은 중추신경계에 국한되어 작용하기 때문에 해열·진통 효과는 있지만 소염 효과는 거의 없다). 달리기 부상 치료를 시작한다면 올바른 소염제의 선택과 복용에 대한 전문가와의 상담은 필수적이다.

- ### 소염주사(스테로이드주사Steroid Injection)

부상으로 인한 인대나 근육의 염증 부위에 주사 바늘로 접근해서 국소적으로 높은 농도의 스테로이드를 그 주변으로 주입하는 방법으로 전신의 부작용을 최소화하면서 염증 작용을 억제할 수 있고 통증을 경감할 수 있다. 치료 효과와 부작용이라는 양날의 칼을 가지고 있기는 하지만 필요 이상의 많은 오해와 누명을 쓰고 있다. 달리기 부상과 근골격 질환을 치료하는 데 있어서 그 치료시기, 주사 방법, 적응증을 적절히 취사선택한다면 스테로이드주사는 좋은 효과를 거둘 수 있다.

재생 치료 | 근육과 인대의 재생을 돕는 치료

달리기 부상이 지속되다 보면 근육과 건에 병적인 변화를 일으키는 데 이 때의 구조는 염증보다는 허혈성 변화에 가깝다. 염증이 없는 상태의 병변은 퇴행성 과정과 유사하고, 건의 조직학적 구성을 이루고 있는 콜라겐이 손상, 퇴행되어 글루코사미노글리칸 Glucosaminoglycan 의 축적을 초래하게 된다. 급성기가 지난 달리기 부상은 건의 자연 노화와 비슷한 구조적 변화를 일으킨다. 단단한 조직에서 겔 형상의 조직으로 바뀌면서, 건의 내구성이 줄어들어 건증

Tendinosis 이라고 부른다. 건증은 일반적인 염증성 상태가 아니기 때문에 스테로이드의 소염 작용에 의한 치료 효과를 기대할 수 없다. 건증의 상태가 되었을 때에는 혈류의 개선과 세포 재생력의 증가에 주안점을 두고 치료를 해야 한다.

• 프롤로주사 Prolotherapy

약해진 건이나 인대, 근육의 부분적인 파열, 만성적인 통증 부위에 조직의 증식을 목적으로 주사 치료를 시행하여 조직과 세포의 증식을 유도하는 치료 방법으로 미국에서 시작되었다.

손상된 인대나 건, 근육의 골 부착 부위나 압통 부위에 고농도 포도당(10~50%)과 국소마취제 혼합액을 주입한다. 고농도의 포도당을 통증 부위에 주입하게 되면 인위적인 염증반응이 시작된다. '인위적인 염증'이라는 것은 우리가 독감주사를 맞을 때 약한 바이러스를 미리 투여하여 항체를 만드는 것과 같은 기전으로 생각해도 좋다. 인위적 염증반응은 우리 몸이 통증 부위를 손상으로 인식하도록 유도해 혈관을 재생시키는 세포나 염증 완화물질을 분비하는 단백질 등을 불러모으게 된다. 이 과정에서 손상된 부위를 재생하고 약해진 조직의 회복과 강화를 촉진하기 때문에 프롤로주사를 '인대강화주사'라 부르기도 한다. 최근에는 고농도 포도당(10~50%)을 대신하여 재생 효과가 있는 것으로 알려져 있는 아텔로콜겐, PDRN PolyDeoxyRiboNucleotide, PRP Platelet-Rich Plasma 를 주입하기도 한다.

• PRP주사

PRP란 Platelet-Rich Plasma의 줄임말로 혈소판Platelet 이 풍부
한 혈장Plasma 이라는 뜻이다. '자가혈주사' 혹은 '자가 혈소판 풍부
혈장'이라고도 명명된다. 혈장이란 혈액속의 적혈구, 백혈구를 제외
한 액체성분을 말한다. 혈소판은 지혈이나 혈액의 응고, 결체조직의
재건과 혈관의 재형성에 관여하는 유형성분이다. 혈소판에는 다양한
종류의 성장인자Growth Factor 들이 포함되어 있는데, 이는 세포의 분
열과 증식에 핵심적인 역할을 수행한다. 프롤로주사에서 사용되는
고농도의 포도당 용액대신 혈소판이 풍부한 혈장 PRP를 사용하게

▶ **PRP 조직 재생 치료 방법**

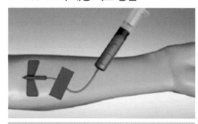

❶ 환자의 몸에서 30~40cc 정도 채혈

❷ 원심분리기에서 혈소판 풍부 혈장을 추출

❸ 특수키트로 혈소판 풍부 혈장을 농축

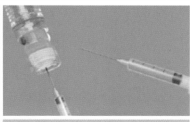

❹ 농축된 혈소판을 통증 및 병변 부위에 주사

되면 인위적 염증반응과 함께 조직의 재형성과 증식에 직접적인 영향을 주게 되므로 조직 회복에 효과적이라고 보고가 되고 있다.

- ## 체외 충격파 치료 Extracorporeal Shock Wave Therapy

콩나물 시루에 물하고 빛만 있으면 무럭무럭 자라는 것과 같이 조직 재생과 치유에는 에너지가 있어야 재생 가능하다는 원리에서 시작했다. 체외 충격파란 높은 에너지를 보유한 음향충격파를 말한다. 영어로는 ESWT라고 하는데 Extracorporeal Shock Wave Therapy를 줄인 말이다. 말 그대로 체외, 즉 몸 밖에서 가해주는 충격파를 이용한 치료 방법으로, 처음에는 비뇨기과 결석 치료에 시행하는 치료기계였는데 유럽 지역에서 운동선수의 치료에 도입되면서 본격적으로 근골격계의 치료에 사용되었다. 신체에 안전한 고충격 에너지를 병변 부위에 집중 전달시킴으로써 관절 및 힘줄, 인대 손상을 회복시켜주는 의료 신기술 중에 하나이다. 병변 부위에 체외 충격파를 이용하여 높은 에너지를 전달하면 다음과 같은 효과를 볼 수가 있

> ### ☑ 체외 충격파 치료의 효과
> - **화학적 변화**: 화학적 조성을 변화 시키거나 새로운 성분의 합성을 유도
> - **신생혈관 생성을 촉진**: 혈액 공급을 증가시켜 염증과 통증을 감소
> - **자극에 의한 진통 작용**: 신경섬유를 자극하여 관문 조절 효과에 따라 환자의 통증역치를 증가시켜 진통 효과를 유발

다고 한다.

이러한 효과로 달리기 부상으로 인한 힘줄(건)이나 인대 및 그 주위 조직과 뼈의 치유 과정을 자극하거나 재활성화시켜 기능이 개선되고 통증이 제거된다.

대체 운동: 근력 강화 운동, 보강 운동

달리기 부상의 1단계 치료인 병변의 치료와 함께 가능한 빠른 시기에 2단계 치료인 대체 운동이 반드시 수반되어야 한다. 대체 운동의 역할은 달리기 부상 부위를 쉬게 하면서 달리기에 필요한 능력을 유지시키는 데 있다. 달리기에 필요한 심폐지구력과 젖산역치, 달리기효율을 유지하고, 달리기 부상 부위에 부하를 줄여줄 수 있는 주변 근육의 강화, 달리기 퍼포먼스에 필요한 상·하체 근육, 코어 근육을 키워주는 것이다. 대부분은 통증이 없을 때부터 운동을 시작해야한다고 생각하나 근력 강화를 위한 대체 운동이나 보강 운동은 빠른시기에 시작해주는 것이 좋다. 부상 근육에 자극을 주는 것은 피하고, 부상 부위를 도와주는 협력근, 반대편에서 작용하는 길항근, 척추전·후면의 코어 근육, 골반 주변의 근육을 강화시키는 데 주안점을두는 것이 좋다.

• 파워 워킹 Power Walking

파워 워킹은 걷기와 달리기의 중간에 위치한 운동이다. 걷기는 안전한 운동이기는 하지만 에너지 소모와 심폐지구력의 발달에는 아주 기초적인 단계라고 볼 수 있다. 반면 달리기는 체중 부하를 견뎌내야 하기 때문에 처음부터 강하게 달리면 부상의 우려가 있다. 일반 걷기와 달리기의 중간적 위치에 있는 파워 워킹은 시속 6~8km의 속도로 걷는 것을 말한다. 파워 워킹을 할 때에는 등과 허리를 똑바로 펴고, 코어 근육을 긴장시키면서, 팔을 90도 구부린 채로 힘차게 흔들면서 걷는다. 보폭은 자신의 키에서 100cm를 뺀 정도가 적당하며 턱을 끌어당긴 자세를 유지하고 시선은 15m 전방에 둔다. 코와 입을 이용하여 충분히 많은 산소를 자연스럽게 섭취하도록 한다. 파워 워킹은 아직 달리기가 준비되어 있지 않은 초보러너, 여성, 고연령층에 권장될 수 있고, 달리기 부상에서 아직 회복되지 않은 러너에게도 아주 효과적인 대체 운동이다.

• 자전거와 수영

달리기의 좋은 점에 대해 연재했을 때 자전거나 수영을 더 선호하는 분들은 자신의 종목이 더 좋다는 댓글을 경쟁적으로 많이 달았다. 각자의 종목이 다이어트에 효과가 좋고 부상 위험이 적으며 여러 방면에서 더 건강해진다는 내용이었다. 분명 달리기, 자전거, 수영은 공통점도 있고 다른 점도 있다.

먼저 달리기, 자전거, 수영 모두 신체 전체를 사용하는 전신 운동으로 심폐기능의 향상과 체력 증진의 효과를 볼 수 있는 최고의 유산소 운동이다. 대사 질환의 예방, 다이어트 효과, 면역력 강화, 항 노화 작용 등 건강에 좋은 측면은 어느 정도 비슷하다. 다만 사용하는 근육이 조금씩 다를 수 있고 운동 장소나 운동 시간, 비용 측면에서 차이가 난다. 달리기는 체중 부하로 인한 하체 부상, 자전거는 목과 허리 디스크의 위험성이 높고, 수영은 어깨에 부담을 주기 쉽다는 단점이 있다.

정리하면 세 가지 운동 모두 건강에는 좋은 유산소 운동이지만 장단점이 분명히 있다. 이 운동들의 공통점과 차이점은 다음과 같은 측면에서 달리기 부상의 치료와 재활에 크게 도움을 줄 수 있다.

달리기 vs 수영과 자전거

정신적인 만족감

과사용으로 인한 달리기 부상이 발생하면 먼저 통증이 사라질 때까지는 달리기는 일단 중단해야 한다. 하지만 달리기의 매력과 러너스하이 그리고 땀 흘리는 성취감을 즐기던 러너가 갑자기 달리기를 멈추기는 쉽지가 않다. 때문에 나약한 정신을 탓하며 아픈 다리로 뛰면서 오히려 부상을 더 키우는 불행을 만들 수 있다. 자전거와 수영은 달리기와 비슷한 땀 흘리는 매력과 성취감을 느낄 수 있게 해준다. 먼저 러너스 하이는 달리기에서만 느낄 수 있는 희열은 아니다. 자전거, 수영 또한 일정시간 이상 집중하고 몰두하면 러너스 하이를 느낄수가 있고, 목표에 따른 상쾌함과 성취감을 선사한다. 달리기를 못해서 불안하고 걱정하는 부상 러너에게 자전거와 수영은 부상이 회복될 때까지 가장 좋은 정신적 대안이 될 수 있다.

심폐지구력(최대산소섭취량), 젖산역치, 달리기효율의 유지를 위해

장거리 달리기를 잘하기 위해서는 심폐지구력과 젖산역치가 높아야하고 달리기효율이 좋아야 한다. 하지만 달리기와 같은 유산소 운동은 훈련을 멈추는 순간부터 이 세 가지 수치가 나빠지기 시작하고 다시 운동을 재개하여 회복되는 데 다소 시간이 필요하다. 달리기 부상 부위의 통증은 사라졌는데 숨이 차고 얼마 뛰지도 않았는데 근육에 힘이 없어 달리기를 멈추게 되는 이유가 바로 여기에 있다. 자전거, 수영은 이러한 측면에서 최대산소섭취량, 젖산역치, 달리기효율을 유지하는 데 도움이 된다. 세 개의 지표는 모두 심장과 폐의 기능, 심박출량, 말초 부위의 혈액순환, 산소의 교환, 혈장의 양, 산소 이용 능력, 에너지 대사에 관련된 지표로, 달리기 외의 유산소 운동과 인터벌 운동으로 충분히 유지되고 향상될 수 있는 부분이다.

달리기 근육의 강화, 코어 근육의 강화

자전거를 탈 때와 달릴 때의 근육 움직임의 차이는 분명히 있다. 하지만 자전거를 발명할 때 인간의 달리기 동작(고관절 굴곡-슬관절 신전-발 구르기-종아리 끌어올리기) 중 발 구르기의 동작을 바퀴가 대체하게 했다는 점에 주목할 필요가 있다. 달리는 동작 중에 체중 부하의 착지와 발의 움직임을 자전거의 바퀴가 대신하면서 현재의 형태로 진화해 나갔다는 점을 생각해보면 달리기와 자전거는 크게 다르지 않은 근육을 사용한다.

수영의 발차기 동작은 코어 근육(복근과 척추기립근)을 유지하며 장요근, 대퇴사두근, 햄스트링, 둔근, 발목 주변 근육을 사용한다. 체중 부하 없이 하체의 근력과 코어 근육을 강화 시킬 수 있다.

최대산소섭취량, 젖산역치, 달리기효율

☑ 최대산소섭취량 VO2max

1분 동안 소비할 수 있는 최대의 산소량으로 운동 강도를 높여도 더 이상 산소 소비가 늘어나지 않는 지점을 말한다. 심폐지구력의 종합적인 지표이며, 달리기 능력과 높은 상관관계가 있다.

최대산소섭취량은 심박출량과 조직의 산소이용도로 결정되며 운동과 훈련을 통해 5~15%까지 개선될 수 있다. 훈련 중단 시 다시 감소하고 나이가 들면서도 감소한다.

☑ 젖산역치 Lactate Threshold

우리가 운동을 하면서 근육을 사용하려면 에너지원인 ATP를 생성해야 한다. ATP는 세포질에서 순간적으로 생성하는 해당과정, 충분한 산소를 이용하여 미토콘드리아에서 생성하는 산화적 인산화과정, 산소 없이 해당과정을 유지하는 젖산발효 방법으로 만들어진다. 유산소 운동이 벅차거나 운동 강도가 강해지면 무산소 젖산발효를 통해 ATP를 생성하게 되는 데 체내에 생성되는 젖산이 분해되지 못하고 근육과 혈액 내에 축적되면 운동 능력의 저하가 오기 시작한다. 젖산역치는 혈중 젖산 농도가 급격히 증가하는 지점의 산소 소비량으로 일반인에게는 최대산소섭취량의 50~60%에서, 선수들에게는 70~80% 영역에서 일어난다. 젖산역치가 높다는 것은 운동 강도를 높여도 유산소 영역에서 산화적 인산화 과정을 통해 젖산 같은 노폐물 없이 순조롭게 운동할 수 있다는 것을 말한다. 젖산역치는 고강도 운동과 저강도 운동을 교대로 하는 인터벌 트레이닝에 의해 향상 될 수 있으며 노화에 의해 크게 영향을 받지 않는다.

☑ 달리기효율 Running Economy

일정한 거리를, 일정한 속력으로 달리는데 필요한 산소의 양을 말한다. 최대산소섭취량, 젖산역치와 달리 작을수록 좋은 값이며, 달리기를 할 때 얼마만큼 적은 양의 산소로 효과적인 결과를 내는가를 알려준다. 장거리 달리기를 위한 궁극적인 지표이며, 에너지 대사, 체형, 자세 등에도 영향을 받는다.

• 수중 달리기

수중 달리기는 부상 후 달리기로 복귀하려는 러너들에게 아주 좋은 재활 훈련의 하나이다. 수중 달리기는 충격이 적기 때문에 관절이나 손상된 근육이나 인대를 보호하며 달리기의 감각을 유지할 수 있는 큰 장점이 있다. 몸을 띄우기 위한 부력 벨트를 차고 허리까지 몸을 담갔을 때는 체중의 절반, 어깨까지 물속에 들어갔을 때에는 체중의 8% 정도의 충격만 가해진다. 또한 육지에서 달리는 것보다 심혈관 시스템에 더 많은 영향을 줄 수 있고 물의 저항으로 근력과 스태미나를 키울 수 있다. 2002년 핀란드에서 평균 연령 34세 여성 11명을 대상으로 주 2회 수중 달리기를 실시하는 10주 훈련 프로그램 이후, 26%에 해당하는 참가자들이 발로 지면을 박차고 나아가는 능력이 향상되었다는 보고가 있다. 마라톤 세계기록 보유자 할리드 하누치 Khalid Khannouchi 역시 수중 달리기를 통해 달리기의 운동 감각을 유지해 왔다고 한다.

- 런지|Lunge

　런지 동작은 하체 근력 운동 중 달리기 동작과 가장 유사하며, 달리기에 필요한 근육을 강화시키는 데 적합하다. 특히 맨몸으로 하는 워킹 런지 동작의 경우 평소 강화시킬 기회가 없었던 중둔근과 내전근의 운동에 효과적이다. 중둔근이 약하면 달리기 동작 중, 착지 시 좌우 밸런스가 무너지고 하지의 내전 현상이 발생하기 때문에 달리기 부상과 연관되는 경우가 많다. 장경인대염의 경우 중둔근이 약하기 때문에 장경인대가 타이트해지며 발생하기도 한다. 맨몸 런지부터 시작하여 그림과 같이 덤벨을 들면서 중량을 늘린다. 한 번 할 수 있는 최대치를 양쪽 번갈아 5~10세트 정도 반복하는 것이 좋다.

- **주동 근육:** 대퇴사두근, 햄스트링, 중둔근, 내전근, 대둔근
- **이차 근육:** 복직근, 외복사근

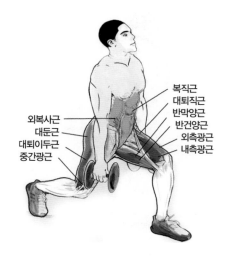

- **스쿼트** Squat

  하체 근력 운동의 가장 기본적인 동작이다. 바벨이나 덤벨을 이용한 무거운 스쿼트 동작도 좋지만 달리기 부상 후에는 맨몸 스쿼트가 선행되어야 한다. 다리를 양 어깨 너비로 벌리고 발끝을 약간 바깥쪽으로 향하게 하는 것이 좋다. 깊이 숨을 들이마셔 가슴을 확장시키면 등하부의 자연스런 만곡을 유지하고 앉았다 일어선다. 스쿼트는 주로 대퇴사두근 강화로 알려져 있으나 코어 근육, 햄스트링, 하퇴부 근육의 강화에도 좋다.

- **주동 근육:** 대퇴사두근, 대둔근, 중둔근, 소둔근
- **이차 근육:** 햄스트링, 외복사근, 비복근

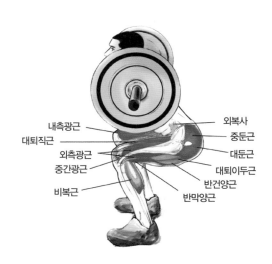

내측광근
대퇴직근
외측광근
중간광근
비복근

외복사
중둔근
대둔근
대퇴이두근
반건양근
반막양근

• 데드리프트 Deadlift

　스쿼트나 런지같은 대표적인 하체 근력 운동은 주로 허벅지의 앞쪽 근육, 대퇴사두근이 항상 개입되고 강화되는 운동이다. 달리기를 하면서 허벅지 후면의 햄스트링과 둔근은 허벅지 앞쪽 근육인 대퇴사두근만큼 사용되지만 평상시에 근력 운동을 병행하지 않는 러너가 많다. 달리기 부상을 줄이려면 허벅지 전면의 힘과 허벅지 후면의 힘의 균형이 3대 2가 가장 이상적이라고 하는데 대부분 후면의 근력이 약한 경우가 많다. 달리기 부상의 예방과 햄스트링 근육 손상 시 재활을 위해서도 허벅지 후면 근육은 강화되어야 하는데, 데드리프트 동작으로 많은 효과를 볼 수 있다.

• **주동 근육:** 햄스트링, 대둔근
• **이차 근육:** 척추기립근

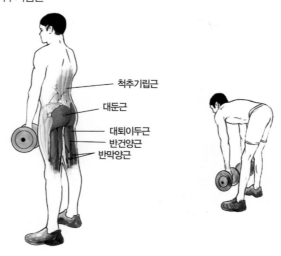

척추기립근
대둔근
대퇴이두근
반건양근
반막양근

• 카프 레이즈 Calf Raise

종아리 근육을 키우기 위한 운동 방법으로 어디서나 손쉽게 계단이나 플랫폼만 있으면 가능하다. 종아리 운동을 하면 달리기에 있어 제2의 심장이라고 불리는 발의 힘이 강해져서 달리기에 큰 도움을 준다. 착지 시의 충격 완화는 물론 지면에 리바운드를 유발시켜 탄력적인 달리기를 할 수 있게 된다. 종아리 근육이 잘 발달되어 있다면 아킬레스건염이나 족저근막염의 부상 위험이 상대적으로 줄어들 수 있는 장점도 있다. 줄넘기를 병행하는 것도 종아리 근육을 성장시키는 데 큰 도움을 줄 수 있다.

• **주동 근육:** 비복근, 가자미근, 아킬레스건
• **이차 근육:** 전경근, 단비골근, 장지골근

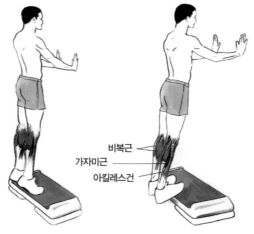

비복근
가자미근
아킬레스건

- V업-pitch 복근 운동

　달리기는 전신 운동이다. 하체를 주로 움직이지만 상체와 코어 근육(복근, 등 기립근)의 도움 없이는 올바른 다리 사용이 어렵다. 그중에서도 상체와 하체를 이어주는 복근은 가장 중요한 핵심 근육이다. 복근은 지구력에 강한 근육이지만 평소 충분한 단련이 없다면 쉽게 지치고 피로해진다. 달리기를 처음 접하는 분들 중에는 배가 땅겨서 못 뛰겠다고 호소하는 분들도 있다. 달리기의 역동적인 움직임을 위해서는 복근과 장요근의 근력 강화 운동은 필수다.

- **주동 근육:** 복직근, 복사근, 장요근
- **이차 근육:** 햄스트링, 대둔근

▶ **V업-pitch 복근 운동**

누워서 양손을 머리에 붙인 후 왼쪽 팔꿈치는 오른쪽 무릎 방향으로, 오른쪽 팔꿈치는 왼쪽 무릎을 향하도록 복근을 사용하여 움직인다. 가능한 빠른 속도로, 많은 횟수를 반복하는 것이 좋다. 목에 부담이 간다면 수건을 이용하여 목을 받친 자세로 하는 것을 권장한다.

달리기로의 복귀

소염 치료와 재생 치료를 통해 달리기 부상을 회복시키고, 근력 강화 운동(보강 운동)과 대체 운동을 통해 주변 근육과 심폐지구력을 잘 유지했다면 달리기로의 복귀 시점을 결정해야 한다. 병명에 따라 이러한 시기는 조금씩 다를 수 있으나 대체적으로 통증이 사라지면 조금이라도 빨리 달리기를 시작하는 것이 좋다. 이때의 달리기는 속도나 거리에 신경을 쓰지 말고 될 수 있으면 천천히 부드럽게 달리는 것이 좋다(속도보다는 거리우선). 달리다가 통증레벨이 3 이상으로 느껴지면 그 자리에 멈춰 파워 워킹으로 전환한다. 하루를 달렸으면 그다음 날은 반드시 보강 운동이나 대체 운동으로 체중 부하를 피하는 것이 좋다. 이제 달릴 수 있다는 생각에 부상 전의 속도나 거리 욕심을 내다가는 또 다시 부상으로 이어지고 치료 기간도 길어진다. 처음 달리기를 시작한다는 마음가짐으로 욕심을 버리고 10%의 룰(일주일마다 거리, 속도에 10%의 변화를 주는 것)을 따르자. 달리기에 대한 욕심은 대체 운동이나 보강 운동으로 해소시키는 것이 좋다. 예를 들면 1일차-러닝, 파워 워킹 2일차-자전거, 수영 3일차-런지, 장요근 운동, 복근, 신전근 운동 식으로 통증이 좋아지기를 기다리면서 달리기를 위한 준비를 해야 한다.

30km

Part.4

40km

달리기 부상 부위별 집중탐구

Knee

무릎 주변 통증

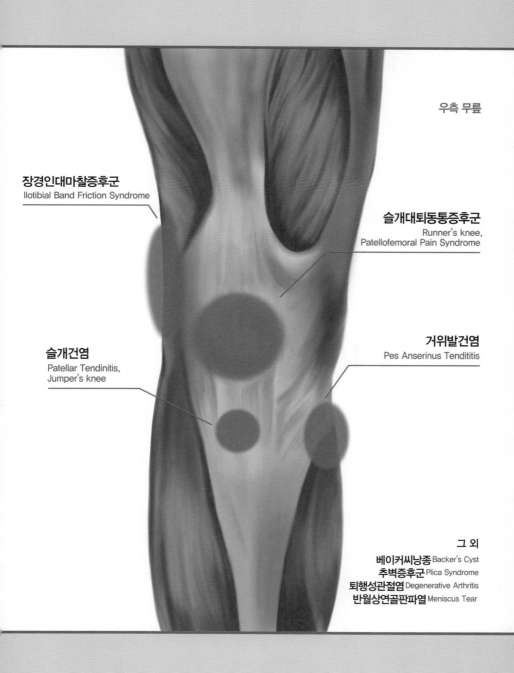

우측 무릎

장경인대마찰증후군
Ilotibial Band Friction Syndrome

슬개대퇴동통증후군
Runner's knee,
Patellofemoral Pain Syndrome

거위발건염
Pes Anserinus Tendititis

슬개건염
Patellar Tendinitis,
Jumper's knee

그 외
베이커씨낭종 Backer's Cyst
추벽증후군 Plica Syndrome
퇴행성관절염 Degenerative Arthritis
반월상연골판파열 Meniscus Tear

▶ **슬개대퇴동통증후군**

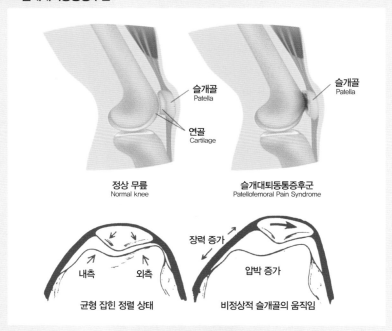

슬개골
Patella

연골
Cartilage

슬개골
Patella

정상 무릎
Normal knee

슬개대퇴동통증후군
Patellofemoral Pain Syndrome

장력 증가

압박 증가

내측   외측

균형 잡힌 정렬 상태

비정상적 슬개골의 움직임

1970년대 조지 쉬언^{George Sheehan}이 달리기 부상을 처음 기술하기 위해서 소개하였으며, 달리기 부상 중에 가장 흔하다고 알려져 있다(정강이부목이 가장 흔하다는 보고도 있다). 원래 Runner's knee는 슬개골 전면의 통증을 호소하는 슬개대퇴동통증후군과 슬부 외측의 통증으로 나타나는 장경인대마찰증후근을 함께 포함하는 의미로 사용했다. 현재는 슬개대퇴동통증후군만을 Runner's knee라고 호칭하고 장경인대마찰증후근은 독립적인 병명으로 분리되었다. 슬개대퇴동통증후군은 오직 달리는 러너에게만 발생하는 질환은 아니며, 슬개골이 대퇴고랑으로 이동하면서 부적절한 압력을 받으며 슬부 전면에 생기는 통증으로 이해하면 된다. 유병률은 연구자에 따라 차이는 있으나 5.5~17% 범위로 보고되고 있다.

왜 생기는 걸까?

슬개골은 무릎의 굴곡과 신전에 레버리지 효과를 내는 구조물로 대퇴사두근, 슬개건, 주변의 조직에 의해 대퇴고랑을 움직인다. 이러한 대퇴 슬부 트래킹Tracking의 움직임에 이상이 생기면 무릎 전면의 압력이 증가하게 되고 이것은 연골, 연부조직, 근육, 인대의 염증 변화를 유발시키고 통증을 일으킨다. 대퇴부 슬부 정렬 상태의 이상, 슬개골의 해부학적인 변형, 대퇴 슬부 트래킹의 과사용, 근육의 피로도 증가, 부조화, 밸런스 이상 등이 그 원인으로 여겨지고 있다.

달리기를 처음 시작하거나 주당 마일리지, 트레이닝 강도에 급격한 변화가 있는 경우 역시 위험인자로 작용한다. 반복된 굴곡과 신전을 요하는 운동에서 흔히 발생한다. 내리막길이나 언덕달리기, 계단 뛰어내려오기, 무리한 스쿼트 운동 등도 원인이 될 수 있으며, 여성일수록 골반의 넓기 때문에 Q각이 커지면서 슬개골 정렬 이상과 발목의 과회내로 인하여 무릎의 부상이 커질 수도 있다.

어떤 증상이 있을까?

달리기를 하고 나서, 혹은 달리는 도중 무릎의 앞쪽이 시리고 아픈 증상을 느낀다. 슬개골의 상방, 하방, 전면, 내측, 외측 등 슬개골 주변의 어떠한 부위에서도 통증이 발생할 수 있다. 막연하고 특이점이 없는 통증으로 명확하게 아픈 부위를 촉진하기는 어렵다. 흔하지 않지만 무릎의 부종과 삼출액이 생기는 경우도 있다. 슬개골의 비정상적인 움직임이 과도할 경우 연발음과 아탈구가 생기는 경우도 있고, 증상이 심할 경우에는 무릎의 운동 범위가 줄어드는 경우도 있다. 슬개골 외측의 단단한 외측 구조물이 촉진되기도 하고 내측 사광근의 소모, 허약, 근위축을 보이기도 한다.

성별에 따라 다른 Q각

남성과 여성의 신체적인 특성의 차이는 여러 가지가 있지만 달리기 부상과 관련된 차이는 골반의 크기, 뼈의 크기와 강도, 인대와 근육의 차이가 언급되고 있다. 여성의 골반은 남성보다 대체로 넓은 편이기 때문에 골반–슬부–하지로 이어지는 Q각이 크다. (Q Angle: 전상장골극–슬개골 중심, 슬개골 중심–경골조면이 이루는 각도로, 대퇴사두근이 당기는 힘과 슬개건이 당기는 힘의 각도를 말한다. 여성 평균 15.8도, 남성 평균 11.2도)

Q각이 커지면 발이 땅에 착지할 때 큰 각도로 접지하게 되면서 족부에서는 과도한 회내를 유발시키고, 경골은 안쪽으로 내회전하게 되며, 무릎의 무게 중심이 내측으로 쏠리게 된다. 또한 여성의 인대나 조직은 유연하고, 근육의 힘은 남성에 비해 상대적으로 약하며, 뼈의 크기가 작기 때문에 달리기에 의한 충격에 약하다는 견해도 있다.

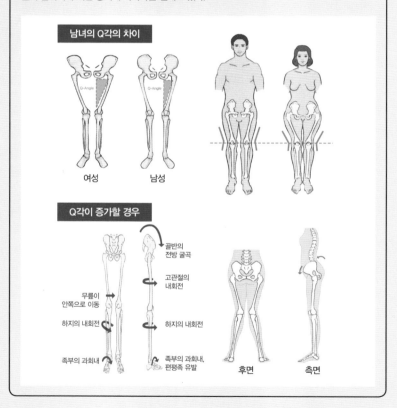

남녀의 Q각의 차이

여성　　　남성

Q각이 증가할 경우

골반의
전방 굴곡

고관절의
내회전

무릎이
안쪽으로 이동

하지의 내회전　　　하지의 내회전

족부의 과회내　　　족부의 과회내,
편평족 유발

후면　　　측면

슬부 전면의 압력을 줄이기 위한 노력과 대퇴사두근 강화가 치료의 핵심이다. 먼저 증상이 있는 급성기에는 기본적인 RICE요법, 소염제 복용, 물리 치료로 증상을 호전시켜야 한다. 슬개골의 외측 지대, 외측 구조물이 단단히 뭉쳐 있거나 굳어져 있는 경우, 정적 스트레칭은 통증을 호전시키는 데 도움을 줄 수 있다.

▶ **대퇴내측사광근건**

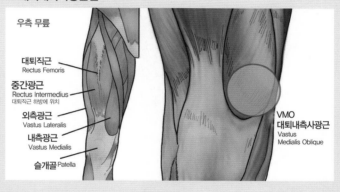

대퇴사두근(대퇴직근, 내측광근, 외측광근, 중간광근) 중에서도 대퇴내측사광근의 강화 운동은 중요하다. 이 근육은 무릎을 펼 때 마지막 10~15도 범위에서 활성화되며, 슬개골의 대퇴고랑 활주에 있어 안정성과 외측 이탈을 막는 역할을 한다. 대퇴내측사광근의 근력만 단독으로 강화하는 것은 어려운 일이기 때문에 레그익스텐션 동작 중 마지막 15도 → 0도 범위에서 발을 안쪽으로 내회전시키며 신전해야 한다. 고관절 외전근(특히 중둔근)이 약한 경우에도, 골반이 한쪽으로 기울어지면서 무릎 중심이 중앙으로 이동되고 슬개골 대퇴 활주에 이상이 생긴다. 이로 인해 발생되는 슬개대퇴동통증후군은 중둔근 강화 운동을 병행해야 한다(사이드 레그레이즈, 런지).

맨몸 스쿼트 동작에서 통증이 사라진다면 가벼운 조깅부터 시작하되, 거리나 속도에는 신경 쓰지 말고 최대한 통증 없는 거리까지만 달리도록 한다. 포어풋·미드풋 착지가 슬부의 압력을 줄여주기 때문에 도움이 되고, 보속(케이던스)을 평소보다 10% 증가시켜주는 것도 장력을 낮춰줄 수 있다(Lenhard 2014). 슬개골 테이핑은 대퇴골 고랑의 비정상적인 활주를 보이는 슬개골 위치를 교정하여 압력을 줄여준다. 이는 물리적인 역학에 변화를 주기도 하지만 신경성 고위체위 감각회복^{Tactile Reflex}에도 도움을 주기도 한다. 달리기 도중에 다시 통증이 생긴다면 파워 워킹으로 바꾸고, 달리기 대신 대체 운동과 근력 운동에 집중한다.

▶ 슬개대퇴동통증후군에서 테이핑요법

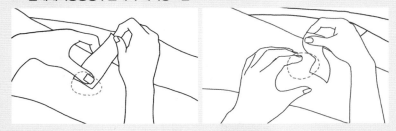

착지 시 족부의 과회내 현상은 슬개골 정열에 문제를 유발시킬 수 있기 때문에 과회내 변형이 있는 경우 안정화나 움직임 제어 신발을 처방하기도 한다. 하지만 급격한 신발의 변화는 오히려 통증을 악화시킬 수 있기 때문에 환자의 상태에 따라 신중을 기하는 것이 좋다. 생활습관이나 운동 방법 중 무릎을 90도 이상 구부리는 자세는 피하는 것이 좋고, 체중 감량은 부상 재발 방지에 도움이 된다. 대체적으로 치료 경과는 양호한 편이다.

슬개대퇴동통증후군 회복운동의 예시

- **1일차** 가벼운 러닝/파워 워킹
- **2일차** 자전거/수영/로잉머신/수중 러닝
- **3일차** 대퇴사두근 근력 운동/햄스트링 근력 운동/내전근 근력 운동/런지/하프 스쿼트/
  v-pitch 복근 운동/줄넘기
- **4일차** 다시 러닝(통증 레벨을 10으로 환산하여 통증 수치가 3 이상 되면 파워 워킹으로 전환)

장경인대마찰증후군, 장경인대염

1979년 남아프리카의 정형외과 의사에 의해 처음으로 언급되었다. 울트라마라톤 주자들 사이에서 발견되었고, 달리기나 사이클 같은 반복적인 무릎의 움직임을 보이는 운동선수에 게서 자주 관찰되었다. 러너스니Runner's knee 범주에 포함되었다가 발생 기전과 통증 부위의 차이로 인해 따로 분류되었다. 무릎을 30도 굴곡 및 신전 시에 무릎 바깥쪽에서 나타나는 통증이 특징적이다. 달리기 종목에서 1.6%∼12%의 높은 발생률이 보고되고 있으며 축구, 농구, 필드 하키, 자전거, 조정경기 같은 종목의 운동선수에게도 자주 발생한다.

왜 생기는 걸까?

▶ 장경인대의 구조

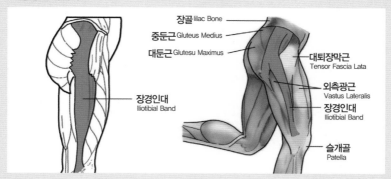

장경인대는 엉덩이부터 내려와 무릎의 바깥쪽을 지나 관절선 아래 경골에 부착하는 두꺼운 근막을 말한다. 장경인대는 무릎의 굴곡과 신전에 모두 관여하며, 무릎을 30도 정도로 굽혔을 때 대퇴 외상과 부위와 가장 밀접하게 접촉하게 된다. 무릎을 구부렸다 펴는 동작이 포함된 달리기나 자전거 같은 운동은 반복되는 마찰을 유발시키는데, 이로 인해 장경인대에 염증이 생긴다고 하여 장경인대마찰증후군으로 명명했다. 하지만 장경인대는 해부학적 구조물이 아니라 대퇴 외측의 근육의 막이 두꺼워진 조직이라는 것이 밝혀졌다. 이 조직은 뼈에 단단히 고정되어 무릎의 움직임에 의해 전후로 이동할 수가 없고 해부학적으로

는 움직임에 의한 마찰이 일어날 수 없다고 한다. 그렇기 때문에 마찰보다는 단단한 조직의 반복적인 압박으로 인해 근막 주변의 염증과 부종을 일으킨다고 볼 수 있다.

장경인대마찰증후군, 이럴 때 더 위험하다!

• 훈련의 변화
장경인대마찰증후군은 달리기 대회 시즌 중에 흔히 발생한다. 누적된 달리기 거리, 갑작스런 달리기 속도의 변화, 훈련 강도의 변화, 많은 대회 참가 횟수는 부상의 원인이 된다.

• 고관절 외전근의 약화
고관절은 1종 지레에 해당하는 역학적 원리를 가지고 있다. 고관절을 중심으로 체중에 대해 반대편으로 작용하는 힘은 고관절의 외전근이 담당하게 되고 그 중심적인 역할을 하는 근육이 바로 중둔근, 소둔근, 대퇴근막장근이다. 이 외전근이 약한 경우, 한 발로 서는 입각기 상태에서 반대편 골반이 떨어지고 동측 고관절은 내전하게 된다. 이러한 고관절 내전은 장경인대를 긴장시켜 하부조직을 압박하며, 염증 및 변성을 유발하는 요인이 될 수 있다.

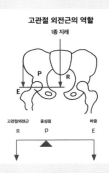

• 장경인대의 단축과 경직
장경인대의 단축과 경직은 보행이나 러닝 시, 무릎의 외측, 장경인대 하부조직에 압력을 크게 하기 때문에 장경인대마찰증후군의 원인이 될 수 있다.

• 입각기의 슬부 운동 범위
무릎의 각도가 20~30도 정도 구부러지는 각도에서 장경인대는 대퇴외과의 튀어나온 외상과와 가장 밀접해지면서 타이트해지는 구조를 가지게 된다. 내리막 달리기를 하거나 경사가 있는 지형에서 내려올 때 무릎 각도의 변화가 생기면서 장경인대마찰증후군을 유발시킬 수 있다.

• 족부의 회내 변형
착지 시 족부의 과한 회내 변형은 슬부 Q각의 증가와 함께 장경인대의 경직과 압박을 유발하게 되어 장경인대마찰증후군을 유발시킨다는 설명도 있지만 오히려 정상군에 비해 회내가 적게 일어난 러너에게 더 많이 발생한다는 반론도 제기되었다. 착지 시 족부의 회내 변형이 장경인대마찰증후군에 어떠한 영향을 미치는 가에 대해서는 아직 의견이 분분한 상태이다.

- **역학적인 요인**

딱딱한 발과 높은 아치, 경골 내염전(Internal Torsion)이 심한경우, 햄스트링 강도가 약한 경우, 전반슬, 내반슬, 외반슬, 퇴행성 관절염, 십자인대 수술 이후에도 장경인대마찰증후군이 발생할 수 있다.

- **달리기 지면**

내리막 달리기, 한쪽으로 기운 아스팔트 도로, 해변 달리기, 트랙 달리기를 주로 하는 러너에서 장경인대마찰증후군이 생기는 경우가 종종 있다. 트랙 달리기 경우에는 한쪽 방향으로 달리게 되고, 질주하는 방향의 바깥쪽 다리, 일반적으로는 우측 다리에 장경인대마찰증후군이 생긴다.

- **신발**

장경인대마찰증후군을 경험했던 66% 환자에서 충격 흡수가 좋지 않은 딱딱한 운동화를 신고 있었다고 보고 하면서 회내에 저항하지 않는 부드러운 러닝화를 권장했다(1984년 Lindberg 등). 하지만 모든 경우에서 반드시 그러한 것은 아니므로 다른 여러 가지 요소를 복합적으로 생각하는 것이 좋다.

어떤 증상이 있을까?

장경인대마찰증후군의 전형적인 증상은 무릎의 외측, 대퇴골 외상과 바로 측면에 국한된 통증이다. 통증은 달리기를 멈추면 사라지고 다시 뛰기 시작하면 나타난다. 일정한 거리부터 통증이 시작되나 심한 경우에는 일상 활동 중에서도 통증을 느낄 수 있다. 압통점은 무릎 외측의 관절선 바로 위 대퇴골 외상과 부위에 존재하고, 연발음이 느껴지는 경우도 있다. 무릎을 굴곡, 신전을 반복할 때 증상 재현이 가능하고, 장거리 달리기나 경사면, 불규칙한 코스를 달릴 때 악화되기도 한다.

장경인대마찰증후군 환자에 있어서 장경인대에 특별한 이상이나 염증반응은 발견되지 않는 경우도 있다. 장경인대의 염증대신 주변 점액낭의 염증과 비후, 관절낭의 팽윤, 대퇴외상과의 골부종, 연골하 침식 등이 관찰되었다는 보고도 있다.

장경인대의 통증이 생기기 시작하면 일단 달리기 절대량을 줄이고 소염제 복용과 물리 치료를 기본적으로 시행한다. 통증 초기에만 적절히 대응한다면 유병 기간은 오래가지 않고도 빨리 좋아질 수 있으나, 치료를 주저하고 달리기에 집착한다면 통증 기간이 상당히 오래갈 수도 있다. 고관절 주변의 대퇴근막장근, 중둔근, 장경인대 상부의 근막을 폼롤러나 근막 자극 마사지를 통해 이완시켜주고, 스트레칭도 지속적으로 병행한다. 약물 치료나 물리 치료에 반응이 없는 통증에는 1회 정도 스테로이드 소염주사도 도움을 줄 수 있다. 체외 충격파 치료는 달리기를 하면서도 병행할 수 있다는 장점이 있고 좋은 효과를 보여준다. 근력 강화 운동은 중둔근 강화 운동(런지, 사이드 레그레이즈)뿐 아니라 햄스트링, 내전근, 대퇴사두근 모두 발달시키려는 운동 프로그램을 계획하는 것이 좋다. 대체 운동 중에서 자전거는 통증을 악화시키는 경우도 있으므로, 수영이나 수중 러닝 같은 유산소 운동이 좋다. 가벼운 조깅이 가능해지면 테이핑이나 압박스타킹으로 환부를 보호하고 짧은 거리까지만 가볍게 뛰도록 한다. 슬부에 압력을 줄여주는 포어풋·미드풋 착지가 도움이 되며 보폭은 줄이고 보속을 높이는 것이 좋다. 러닝 이후 2일간은 대체 운동이나 근력 강화에 치중하는 것을 권장한다. 단단한 지면과 내리막, 트랙 달리기는 피하고 평평하고 부드러운 지면에서 달리는 것이 좋다. 발의 회내 변형이 심하다고 해서 당장 안정화나 움직임 제어 신발을 신는 것보다는 부드러운 쿠션을 지닌 신발을 신는 것이 좋다. 일반적 치료 방법으로도 83%까지 완전하게 치유된다고 보고된다. 주자들 중 58%가 3주 이내에, 나머지 주자들은 6주에서 6개월 이내에 증상이 사라졌다(1984년 Lindberg 등).

슬개건염

▶ 슬개건염

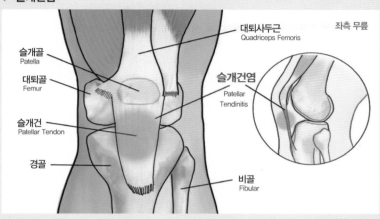

슬개건염은 슬개골과 정강이 뼈를 연결하는 슬개건의 부상 혹은 염증이다. 누구나 슬개건염에 걸릴 수 있지만 특히 배구나 농구처럼 점프를 자주하는 운동을 하는 사람들이 자주 발생하여 Jumper's knee라고 불리기도 한다. 이 질환은 힘줄에 발생한 염증이라기보다는 만성적인 견인과 과부하로 인한 건의 미세 파열과 퇴행성 변화로 보는 견해가 많다. 그래서 명칭 또한 슬개건염Patellar Tendinitis보다는 슬개건병증Tendinopathy, 슬개건병Tendinosis으로 혼용되어 사용되기도 한다.

건병증Tendinopathy · 건염Tendinitis · 건병Tendinosis

- **건병증**이란 건에 생기는 모든 질병의 통칭이다. 건병증의 범주 안에 건염과 건병이 속해 있다.
- **건염**이란 건에 급성적으로 염증이 생긴 상태를 의미하고 현미경상에서 염증세포를 확인할 수 있고, 염증반응이 일어난다.
- **건병**이란 건의 만성적 퇴행성 손상으로 의미하고 염증을 수반하지 않는다. 혈류도 감소되고 건의 변성이 일어난다. 건염이 만성적으로 진행하면 건병이 된다. 달리기 부상으로 인한 급성기 건염을 제대로 치료하지 않게 되면 만성적인 건병이 되고, 만성적인 건병은 잦은 재발과 근육 파열의 위험이 있다.

• 급성 건염의 치료는 소염제나 스테로이드주사로 염증을 가라앉히는 데 주력한다면 만성 건병의 경우에는 체외 충격파 치료, 인대강화주사(프롤로주사), PRP주사요법을 통해 조직을 재생시키는 데 포커스를 맞춰야 한다.

왜 생기는 걸까?

슬개건염은 단단한 바닥에서 자주 점프하는 것과 같은 무릎의 반복적인 스트레스로 인해 발생하게 된다. 이때 무릎에 가해지는 반복적인 스트레스가 과하게 되면 힘줄에 미세한 파열을 만들게 되고 시간이 지남에 따라 힘줄에 염증이 발생할 수 있다. 내리막 달리기를 많이 하거나, 지면으로 너무 많이 뛰어오르는 경우 착지 시 충격이 많아져 슬개건염의 원인이 된다. Q각의 증가, 족부의 회내 변형, 과체중도 위험 요인이 된다.

어떤 증상이 있을까?

슬개골 하단부의 슬개건 주변에 국한된 통증과 부종이 명확하고 무릎을 곧게 펴는 신전동작에서도 통증이 유발된다. 주로 점프 동작이나 달릴 때 통증이 발생하나 증상이 악화되면 보행에도 제한이 온다.

Dr. Nam's opinion

슬개건염을 치료하는 가장 기본적인 방법은 증상이 호전될 때까지, 신체적 활동을 줄이거나 중단하고, 무릎의 근력을(특히 대퇴사두근 중 내측광근) 강화하는 운동을 지속해주는 것이 좋다. 슬개건염이 만성으로 진행되는 경우, 6개월 이상의 치료 기간이 필요한 경우도 있기 때문에 건병으로 진행을 막는 데 주안점을 두어야 한다. 소염주사(스테로이드주사)는 슬개건을 약화시켜 파열의 위험성이 있으므로 신중을 기해야 하며, 혈소판이 풍부한 혈장(PRP)주사나 인대강화주사(프롤로)는 건병에 있어 새로운 조직 형성을 촉진하고 힘줄 손상을 치료하는 데 도움을 준다고 한다. 체외 충격파 치료는 슬개건염 치료에 있어 좋은 결과가 보고되고 있어 실제적으로 운동선수나 러너에게 많이 사용되고 있다.[미]

주10)

허벅지 전면의 근육(대퇴사두근)은 스트레칭을 자주 시행해 주어야 하며, 대퇴
사두근과 햄스트링의 근력 비율이 3:2가 되도록 대퇴사두근과 햄스트링 강화
를 병행해야 한다. 급성기에는 체중 부하를 줄여주는 파워 워킹, 자전거, 수영,
수중 러닝 같은 운동을 유지하고, 달리기를 다시 시작할 때에 슬부 전면 테이핑
과 보호대를 착용해주는 것이 좋다. 뛰어내리는 동작, 점프 이후 착지하는 동작,
쪼그려 앉기 등은 무릎과 슬개건에 부하를 상승시켜 슬개건염의 원인을 제공한
다는 사실을 인지해야 한다.

거위발건염

▶ **거위발건염**

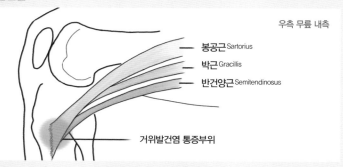

거위발건은 봉공근(허벅지 전면을 비스듬히 뻗어내려 가는 가늘고 긴 근육), 박근(치골에서 허벅지 내측을 따라 내려가는 근육), 반건양근(좌골에서 허벅지 후내측으로 따라 내려가는 햄스트링 근육)의 3개의 근육이 모여져서 연합 부착Conjointed Insertion 하여 형성된 건을 말한다. 무릎 내측, 관절면 아래 5cm 정도에 부착되며, 무릎을 굽히고 안쪽으로 돌리는 기능을 수행한다. 부착부 모습이 거위의 발을 닮았다하여 거위발건이라고 칭하며, 거위발건과 뼈 조직 사이에는 마찰을 줄여줄 수 있는 젤리 같은 점액낭이 존재한다. 거위발건염이란 거위발건과 경골 사이에 위치한 이 점액낭에 염증이 생겼다는 것을 말한다.

왜 생기는 걸까?

거위발건염은 일반적으로 무릎의 과도한 사용이나 외상에 의해 발생할 수 있으며, 점액낭에 대한 지속적인 마찰과 스트레스의 결과로 발생한다. 거위발건염은 허벅지후내측 근육을 사용하여 자주 무릎을 굴곡 시키는 육상선수나 방향을 빈번히 전환하는 축구, 농구선수들에게 흔하게 나타난다. 또한 무릎을 펴고 굽히는 동작을 반복하거나 장시간 보행을 하는 등 무릎 관절을 많이 사용할 경우에도 나타날 수 있고 퇴행성 관절염, 류마티스 관절염, 당뇨, 비만이 있는 경우, 햄스트링이 뻣뻣한 경우에도 발생할 수 있다. 달리기 운동량과 강도의 급격한 변화, 족부의 회내 변형, X자형 다리, Q각의 증가, O자형 다리, 중둔근과 장요근의 밸런스의 이상도 위험인자가 될 수 있다.

40km

어떤 증상이 있을까?

무릎 안쪽의 통증, 부종, 열감, 운동 범위 감소가 나타날 수 있다. 간혹 내측 인대 파열, 내측반월상연골판파열, 피로골절 증상으로 오인할 수도 있으나, 관절면 2~3cm 하방부의 압통점이 특징적이다. 통증이 심할 경우 무릎의 굴곡이 어려워져 절룩이며 걷기도 한다.

 Dr. Nam's opinion

달리기를 줄이고 대체 운동을 시행하며 약물 치료나 물리 치료를 병행하면 대부분 호전되는 경우가 많다. 기본적인 치료에 반응이 없는 경우 국소 스테로이드주사는 용량과 농도(<10mg/ml)를 잘 조절한다면 드라마틱한 효과를 보여준다. 봉공근의 과사용, 둔근의 비활성화(고관절 외전, 외회전), 장요근의 비활성화(고관절 굴곡), 박근의 과사용, 햄스트링 근육군의 비활성화(슬관절 굴곡), 반 건양근의 과사용 등은 거위발건염의 유발원인이 될 수 있으므로, 해당 부위의 근육을 충분히 스트레칭하고 둔근과 장요근의 근력 강화와 밸런스에 초점을 맞추는 것이 좋다. 중둔근, 장요근, 허벅지 내전근, 외전근 강화를 함께하면 부상재발에 도움을 줄 수 있다.

다시 달리기를 재개할 때 봉공근과 박근, 반건양근의 활주 방향에 맞추어 세 방향으로 테이핑을 해주는 것이 좋다. 테이핑은 굳이 가늘게 자를 필요는 없고 자신의 허벅지 두께에 맞게 해주면 된다. 테이프를 원 길이의 20~30% 늘린 상태에서 해당 관절을 굴곡시킨 이후 붙여준다.

족부의 과회내 변형이 있을 때 봉공근, 박근, 반건양근이 당겨지며 거위발건염이 발생하는 경우도 있다. 이 경우 족부아치를 보완해주는 안정화나 움직임 제어 신발로 바꾸어보는 것도 시도해볼 만은 하지만 효과는 환자 상태에 따라 다를 수도 있다.

Lower Leg

정강이·종아리 통증

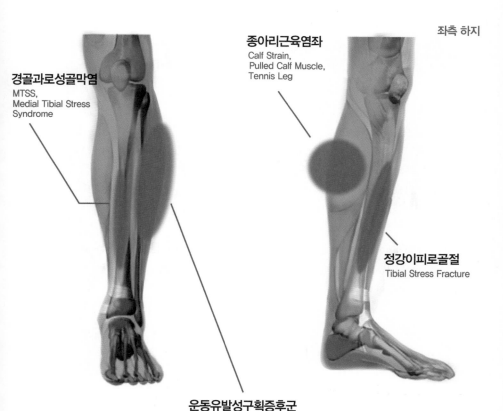

경골과로성골막염
MTSS,
Medial Tibial Stress
Syndrome

종아리근육염좌
Calf Strain,
Pulled Calf Muscle,
Tennis Leg

좌측 하지

정강이피로골절
Tibial Stress Fracture

운동유발성구획증후군
Chronic Exertional
Compartment Syndrome

그 외

전경골건염 Tibialis Anterior Tendintis
후경골건염 Tibialis Posterior Tendintis
비골피로골절 Fibular Pstress Fracture

경골과로성골막염

경골과로성골막염은 신스프린트Shin Splint, 정강이부목으로 흔히 알려져 있다. 운동선수의 5% 정도에서 발생하고 러너나 댄서에서는 13~22%까지 발생하는 것으로 나타난다. 달리기 부상 중에서는 초보러너에게 흔히 발생하며 피로골절과 혼돈하기 쉬워 정확한 감별이 필요한 질환이다.

왜 생기는 걸까?

후경골근Tibialis Posterior은 달리기 착지 시에 족부의 과한 회내 작용을 막아주고 족부의 아치를 유지해준다. 가자미근은 비복근의 하층에 있으며 발꿈치를 들어 올리는 작용을 한다. 경골과로성골막염은 이 두 근육, 후경골근과 가자미근의 과사용이 주된 원인으로 여겨지고 있다. 이 근육들의 과도한 당김과 반복적인 자극으로 인하여 근육이 시작하는 골막 부위에 염증이 생긴다는 것이다.

하지만 최근 반론이 제시되고 있다. 두 근육의 시작점은 경골의 후면과 비골의 후면, 골간막에서 넓게 시작하는데, 경골과로성골막염에서 보이는 통증의 위치는 경골후내측 부위로 국한되어 근육의 부착점과 통증 부위가 정확하게 일치하지 않는다. 또한 후경골근, 가자미

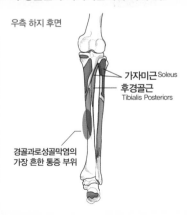

▶ **후경골근의 역할**

우측 발목 후면

후경골근
Tibialis
Posteriors

과회내 작용을
방지

▶ **후경골근과 가자미근의 부착 부위**

우측 하지 후면

가자미근Soleus
후경골근
Tibialis Posteriors

경골과로성골막염의
가장 흔한 통증 부위

근의 근막에는 병적인 염증반응이 없고, 오히려 경골의 뼈조직에서만 골대사반응이 관찰되고 있다(Johnell 등은 이를 골스트레스반응Bone Stress Reation 이라 말한다). 이러한 이유로 최근에는 달리기 도중에 비정상적인 압력이(정상적인 압력은 뼈를 두껍게 만든다) 파골세포를 활성화시켜, 오히려 뼈를 약하게 만든다는 골 과부하손상Bony Overload Injury 이 원인으로 새롭게 대두되고 있다.

더불어 초보러너, 달리기 거리를 갑자기 늘린 경우, 급격한 착지의 변화, 족부의 과회내 변형이 있는 경우에 생길 수 있다. 남성보단 여성에게 더 많이 발생한다는 연구결과가 있다.

어떤 증상이 있을까?

묵직하고 샤프한 통증이 느껴지며, 누르면 압통이 느껴지고, 부종을 동반하기도 한다. 통증은 경골의 후내측을 따라 정강이뼈Shin Bone 전체에 나타나기도 하고, 경골 원위부 1/3에 국한되기도 한다. 처음에 통증은 운동에 의하여 악화되고 휴식과 함께 사라지기도 하나, 병이 진행될수록 운동을 멈춰도 지속된다. 경골의 연부조직(근육이나 인대)보다는 뼈에 밀접하게 고통이 느껴지기 때문에 피로골절로 오인하고 내원하는 경우가 많다.

 Dr. Nam's opinion

정강이 통증이 생겨서 불편감이 느껴지면 24~48시간 동안 달리는 동작을 멈추고 급성기 RICE요법을 시행한다. 소염제는 의사의 처방을 받아 복용하는 것을 권장하고, 마그네슘과 같은 미량원소도 근육 경련 예방을 위해 같이 복용한다. 가까운 병원에서 피로골절 여부를 감별하고 최종 진단을 하는 것이 좋다. 종아리와 후경골근 주변의 근육 이완을 위해 기본적인 물리 치료를 시행 받도록 한다.

달리기를 멈추는 24~48시간 동안 다른 대체 운동을 하는 것이 좋다. 수영, 자전거, 인라인스케이트, 수중 러닝, 로잉머신 등이 권장되며, 하체 근력을 키워주기 위해서는 스쿼트, 런지(본인이 가능한 중량과 횟수로), 러닝머신에서의 워킹런지, 레그컬, 레그익스텐션을 잘 조합하여 한 시간 이상 하체 근력 운동을 시행한다. v-pitch 복근 운동(한번에 많은 횟수)과 여러 가지 코어 운동을 조합하여 프로그램을 만드는 것도 좋다.

48시간 이후 다시 가벼운 달리기를 시작하는데, 약간 뻐근할 수도 있으므로 무리하게 속도를 올리거나 거리를 늘리지 않도록 한다. 원래 본인이 달릴 수 있는 속도나 거리의 50~80% 범위에서 착지에 충격을 줄이며 달리는 것이 좋다. 이 범위에서 무리가 없다면 2주간은 유지하고, 그 이후에는 일주일마다 10% 범위에서 속도나 거리를 늘려본다. 통증을 10으로 환산하고 3 이상의 강도로 통증이 느껴진다면 달리기를 멈추고, 파워 워킹이나 워킹 런지를 하면서 운동시간과 운동량을 채우도록 한다.

달릴 때 통증이 지속된다면 소염제 복용 단계부터 다시 시작한다. 기본 물리 치료이외에 체외 충격파 치료는 효과적이며[미주11], 압통점이 심할 경우 소염주사나 인대강화주사를 병행한다. 달리기 부상에 전문적인 의사나 트레이너, 엘리

그 외의 권장사항

- **스트레칭, 마사지:** 종아리 근육이 타이트 할 경우, 가벼운 스트레칭과 마사지는 도움이 될 수도 있다. 하지만 압통점을 피해 가볍게 주변 근육을 풀어주는 정도가 적당하며 너무 과한 자극을 주게 되면 근육섬유가 손상될 수도 있다.
- **종아리 압박보호대:** 종아리 보호대(ex CEP, Compression Stocking)나 테이핑은 근육의 과한 떨림을 막게 되고 보호하는 작용이 있어 부상 예방이나 치료에 도움을 준다.
- **신발:** 경골과로성골막염은 족부의 심한 과회내 변형 시에도 발생하고, 아치가 높고 딱딱한 발에도 발생한다. 바꾸어 말하면 발의 모양보다는 착지 시 생기는 과도한 스트레스가 경골^{Shin} ^{Bone} 주변에서 문제를 일으키고 있다고 생각하면 이해가 쉽다. 신발 쿠션의 핵심인 중창은 일반적으로 500~800km(신발에 따라 다름)의 수명이 있다. 먼저 신발 외피와 중창의 마모 정도를 파악하여 교체하고, 발에 편한 신발을 위주로 사용하는 것이 바람직하다. 과회내가 되는 발에는 안정화나 움직임 제어 신발을, 딱딱하고 경직된 발에는 쿠션이 많은 러닝화가 원칙이기는 하나, 급격한 신발의 변화는 오히려 부상의 원인이 될 수 있다는 점을 기억하자. 10%의 룰에 따라 기존의 신발사용을 90%, 새로운 신발을 10% 정도 비율로 사용하고, 주 단위로 변화를 주어 적응하는 것이 좋다.
- **착지:** 포어풋·미드풋 착지에서 리어풋 착지로 전환하여 정강이와 하퇴부의 부하를 슬부와 허벅지로 옮겨주는 것이 도움을 준다.

트선수에게 자문을 구할 것을 권장하며 다른 질환의 감별을 위한 정밀 검사도 고려해야 한다.

경골과로성골막염은 대부분 보존적 치료, 비수술적 방법으로 치료된다. 하지만 치료에 불응하는 난치성 경골과로성골막염의 경우 수술적 치료를 하는 경우도 있다. 후방 심부 근막을 유리하여 압력을 줄여주는 후방근막절개술Posterior Fasciotomy이 대표적 술식으로 알려져 있다. 2003년, Yate 등은 46명의 난치성 경골과로성골막염Recalcitrant MTSS 환자에 후방 근막 절개술을 시행하고 그 결과를 보고하였다. 그 결과 72%에서 통증은 완화되었으나 41%에서만 정상적인 스포츠 활동으로의 복귀가 가능하였다. 결국 경골과로성골막염이 만성, 난치성으로 이행되면 치료가 힘들어지고 정상적인 운동이 어려워지는 경우가 발생할 수 있으니 증상의 초기부터 적극적으로 대처하는 것이 바람직하다.

종아리근육염좌

▶ **종아리의 구조**

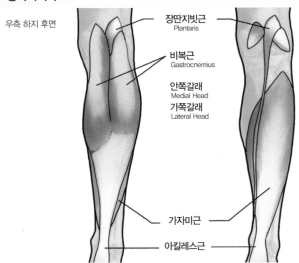

우측 하지 후면

장딴지빗근
Plantaris

비복근
Gastrocnemius

안쪽갈래
Medial Head

가쪽갈래
Lateral Head

가자미근

아킬레스근

종아리근육염좌는 종아리 후면의 볼록한 근육인 비복근, 가자미근 섬유가 늘어나거나 찢어진 상태를 말한다. 주로 비복근의 근건접합부에 많이 발생하여 비복근 손상, 비복근 파열이라 하며, 테니스선수에게 자주 발생해서 테니스 레그라는 용어를 사용하기도 한다. 단거리 달리기나 허들종목에서는 테니스 레그와 유사한 증상을 보이나, 중·장거리 달리기에서는 만성 스트레스로 인해 약해진 근육부상 형태로 발생한다.

왜 생기는 걸까?

종아리근육염좌는 동적인 신체 활동 중에 발생한다. 격렬한 스포츠 도중 방향전환을 할 때, 갑자기 점프를 하거나, 돌진하는 자세, 달리기 도중 빠른 속도로 변화(급한 가속과 감속)를 줄 때 종아리 후면에서 뚝하는 소리와 함께 근육이 파열된다. 즉 슬부와 발목에 강력한 힘을 전달하는 도중 피로에 취약한 비복근과 건 사이에서 주로 파열이 일어나며 간혹 가자미근이나 족척근에서도 발생하기도 한다.

장거리 달리기에서는 주로 만성 스트레스와 과부하에 의해 약해진 근육부상으로 발생하며, 뚜렷한 파열음은 없고, 달리고 난 이후나 달리는 도중에 종아리의 뻐근한 통증을 특징으로 한다.

어떤 증상이 있을까?

운동 도중 누가 뒤에서 종아리를 때린 것 같이 딱하는 소리가 나면서 통증이 시작되기도 한다. 러너의 경우 달리고 난 이후 종아리 후면의 뻐근하고 묵직한 느낌이 들며 예리한 통증이 느껴져 움직이기가 어려워지기도 한다. 종아리 후면 중간 1/3지점 혹은 상부 1/3에 압통점, 부종, 반상출혈을 동반하기도 하며 발가락을 세우거나 까치발을 들기가 힘들어지기도 한다.

종아리 염좌(Calf Strain) 분류

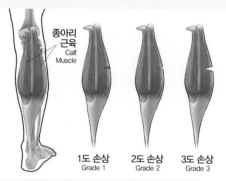

- **Grade I:** 약간의 불편감, 일상생활에 거의 제한은 없다. 늘어난 경우, 근육은 정상적으로 보이고, 혈종의 크기는 1cm이하이다.
- **Grade II:** 걸을 때 약간의 불편감이 있다. 달리기나 점프를 하기 어렵다. 부종과 멍이 나타나기도 한다.1/3 이하의 파열이 있다. 3cm 이내의 혈종, 근막Fascias은 정상 상태를 보인다.
- **Grade III:** 극심한 통증, 걷기조차도 힘들다. 근육경련과 부종, 심한 멍을 동반한다. 톰슨테스트에서 양성을 보인다. 근육의 1/3 이상이 파열된다. 3cm 이상의 혈종, 근막의 파열, 근육 결손을 보인다.

급격한 방향전환과 감속, 가속을 요하는 축구, 테니스, 배드민턴에서 발생하는 종아리근육염좌는 심한 파열을 동반하는 Grade2, 3손상일 수도 있지만, 장거리 달리기의 종아리근육염좌는 운동량의 증가로 인한 피로누적이 원인으로 Grade1손상에 그치는 경우가 많다.

Grade1의 경우에는 2~3일간 짧은 안정 이후 통증 상태를 체크해가면서 빠른 체중 부하가 권장된다. 수중 러닝, 수영, 로잉머신 등의 대체 운동은 조기에 병행하는 것이 좋다. 종아리 테이핑과 압박스타킹으로 종아리 근육을 보호하면서 1~2주 사이에 걷기와 달리기를 병행하도록 한다. 고관절과 허벅지 위주로 달리려고 노력하고, 발을 지면에서 박차는 동작은 피하도록 한다.

포어풋·미드풋 착지는 종아리와 발목에 압력을 증가시키므로 부상이 회복될 때까지는 가급적이면 발 전체적인 착지나 리어풋 착지로 전환하고 드롭차가 8mm 이상인 쿠션화를 신도록 한다. 종아리 근력 강화에는 신장성 운동과 종아리 근육을 수축 이후 이완시키며 강화하는 편심성 근육 운동이 좀 더 효과적이라고 알려져 있지만, 중심성(수축성) 근육 운동도 꾸준히 병행하는 것이 좋다. 종아리 근육을 꾸준히 마사지하여 근육 긴장도를 떨어뜨려주고, 줄넘기 같은 특정 운동을 무리 없이 소화할 수 있는 근력을 키워주도록 노력해야 한다.

종아리근육염좌는 적절한 초기 치료와 지속적인 근력 강화를 유지하지 않으면 반복적인 손상으로 이어지기 쉽다. 일반적 치료기준은 Grade1일 경우 1~3주, Grade2는 3~6주, Grade3은 6~12주를 치료 기간으로 정하고 있다.

운동유발성구획증후군

구획증후근은 급성과 만성 2가지로 구분이 된다. 급성Acute 구획증후군은 응급을 요하는 상태이다. 급성 외상이나 골절상을 입은 경우 하지의 구획 내로 혈액과 삼출액이 증가하여 근막 내 압력이 상승하고, 그로 인해 혈관과 신경이 압박되어 허혈Ischemia이 진행된다. 즉 각적으로 근막절개술Fasciotomy을 하지 않으면 하지괴사가 진행되어 큰 후유증이 남게 된다.

만성구획증후군은 운동을 과도하게 할 때 근육이 팽창되어 통증이 유발되고, 다리가 뻣뻣해져 운동을 지속할 수 없는 상태를 말한다. 만성 운동유발성구획증후군은 1956년 처음 기술되었다. 운동 시 근막하 혹은 근육 내의 압력이 비정상적으로 증가하게 되면, 혈관을 압박하게 되어 조직의 저산소화와 허혈성 통증을 유발시키는 질환으로 소개되었다. 하지만 근육구획 내의 압력이 증가한다는 증거가 부정확하고 구획의 압력을 측정하는 방법의 신뢰성에 문제가 발생함에 따라 새로운 개념이 등장하는 추세이다. 조직의 과부하로 인한 생역학적 문제가 생긴 근육의 피로도란 개념으로 생역학적과부하증후군Biomechanical Overload Syndrome(BOS)이라는 새로운 용어로 불리기도 한다.

▶ 하지의 구획

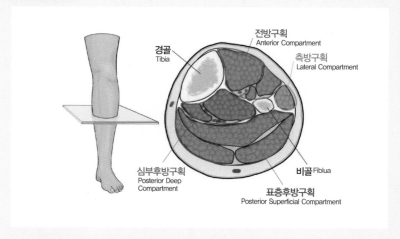

전방구획
Anterior Compartment

경골
Tibia

측방구획
Lateral Compartment

심부후방구획
Posterior Deep Compartment

비골Fiblua

표층후방구획
Posterior Superficial Compartment

왜 생기는 걸까?

운동유발성구획증후군의 병인은 아직 완전하게 이해되거나 설명되고 있지는 않다. 운동을 시작하게 되면 근육의 볼륨이 20% 증가할 수 있는데 반하여 근육을 둘러싸고 있는 단단한 근막은 더 이상 늘어나지 않기 때문에 근육구획에 압력이 증가하게 된다. 근육 구획 내 압력이 증가하는 것은 맞지만 그로인해 혈류의 저하나 근육의 허혈성 변화는 발생하지 않는다. 자기공명영상장치, 단광자방사단층촬영Single Photon Emission CT의 결과를 보면 환자군과 대조군에서 압력의 증가로 인한 혈류의 저하는 관찰되지 않았다. 혈류 저하로 인한 허혈성 통증보다는 장력 증가로 인한 근막의 통증수용체의 이상, 대사 활동에 대한 근세포의 이상반응이 그 원인으로 생각되고 있다.

어떤 증상이 있을까?

달리기나 운동을 시작하게 될 때 하지의 통증이 발생하고 운동을 멈추면 통증 사라진다. 통증은 해부학적인 구획을 따라 나타나고 해당 구역을 지배하는 신경 분포에 따라 감각의 이상을 보일수도 있으며, 근육이 너무 팽팽해지고 딱딱해져서 젖은 장작을 만지는 느낌이 들기도 한다. 경골과로성골막염은 운동을 시작 할 때 통증이 심하고 운동이 진행될수록 통증이 약해지는 경향이 있고, 경골피로골절은 운동 시작, 운동 중, 운동 이후에도 통증이 지속되는 양상을 보인다. 이에 반해 운동유발성구획증후군은 운동에 의해서만 통증이 악화되고, 휴식 시에는 통증이 없다.

Dr. Nam's opinion

운동유발성구획증후군은 진단이 쉽지 않고 통증이 있어도 환자들이 활동을 줄이려하지 않는 특수성 때문에 보존적 치료가 실패하는 경우가 많다. 진단을 받으면 6주에서 8주간은 재활 및 비수술적 치료를 시행하는 것이 좋다. 활동량을 줄이며 냉치료, 소염제 복용, 마사지, 스트레칭, 신발처방, 테이핑이 사용한다. 보톡스주사를 이용하여 근육의 활동을 인위적으로 저하시키는 경우 구획 압력의 감소와 증상의 호전을 보였다는 보고도 있다. 보존적 치료에 실패하는 경우에는 근막을 절개하여 구획의 압력을 줄여주는 수술적 방법이 선택된다. 예전에는 피부절개를 통해 근막을 절개하는 개방형 수술 방법을 사용했으나, 최근에는 내시경을 통한 최소절개 수술법이 선호되고 있다. 수술 후 합병증 빈도는 11~16% 정도이며, 재발, 감염, 신경손상, 혈관손상, 교감신경이영양증, 반흔구축, 혈종형성이 발생할 수 있다.

▶ **피로골절(고위험군 vs 저위험군)**

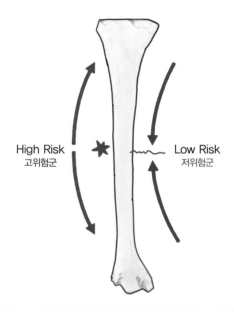

우측 정강이뼈

High Risk
고위험군

Low Risk
저위험군

정강이피로골절은 교통사고나 낙상 같은 외력에 의해 발생되는 일반 골절과는 달리 심한 훈련이나 반복되는 자극에 의해 뼈의 일부분에 스트레스가 축적되어 발생하는 골절을 말한다. 피로골절은 뼈가 완전히 부러지지 않은 미세한 골절을 의미하며 스트레스골절이라고도 불린다. 호발 부위는 주로 정강이뼈(35∼55%), 발등(제2중족골 경부, 제3·4 중족골), 발뒤꿈치, 대퇴경부 등으로 알려져 있다.

근육과 인대는 뼈에 직접적인 충격이 가지 않도록 부하를 흡수하는 역할을 한다. 반복적인 외력이나 마라톤선수와 같이 근육을 장기간 사용하는 경우에는 근육과 인대가 피로해지면서 그 기능을 제대로 못 하는 경우도 있다. 낙숫물이 바위를 뚫듯이 작은 충격이 수차례에 걸쳐 뼈에 무리한 자극을 주게 되면 결국 스트레스성 골절이 발생한다. 경골은 전면, 측방으로 휜 커브모양의 해부학적 구조물로서 체중 부하 시 전외측에는 전단력Tension Force, 후방에는 압박력Compression Force을 받게 된다. 압박력보다는 전단력이 작용하는 경우에 고위험군으로 분류되며 장거리 달리기선수에는 정강이 뼈 하단 1/3지점, 배구선수나 농구 선수에게는 정강이뼈 상단 1/3지점에서 잘 발생한다.

왜 생기는 걸까?

원인은 다양하게 나타난다. 달리기나 운동 강도의 변화, 주당 달리는 거리의 변화, 달리는 횟수의 변화, 노면의 변화(딱딱한 콘크리트 바닥)로 인해 뼈에 부착되어 있는 근육, 인대의 탄력성과 충격 흡수력에 이상이 오게 되면 피로골절이 발생할 수 있다. 축구나 마라톤 등 발을 많이 사용하는 사람이나 체중 부하를 많이 받는 운동에 관여하는 사람에게 자주 발생 하며, 군대 신병에게도 흔하게 보이기 때문에 피로골절은 행군골절이라고도 불린다.

또한 쿠션화에서 제로드롭, 미니멀리즘 신발로 급격하게 교체하는 경우에도 발생할 수 있고, 충격을 잘 흡수하지 못하는 요족 변형이 있는 경우에 잘 발생하기도 한다.

평발의 경우, 착지 시 발가락이 외측으로 향하게 되는 토 아웃 현상이 발생한다. 이 현상을 막기 위해 경골이 내회전되며 압력이 증가하는데 이로 인하여 피로골절이 발생하는 경우 도 있다. 발에 충격을 많이 주는 착지 자세가 문제가 되는 경우도 있다.

흡연, 음주, 당뇨성 신경병증, 저지방 다이어트, 비타민D 부족의 경우에도 발병할 수 있 다. 여성 운동선수에게는 섭식장애, 생리불순, 골다공증이 동반되는 여성 운동선수 3징후 Female Athlete Triad 때 피로골절이 자주 동반된다.

어떤 증상이 있을까?

뼈의 일정 부위에 서서히 증가하는 통증이 느껴지며 체중 부하와 신체 활동에 의해 악화 되고 휴식에 의해 호전되는 양상을 보인다. 골절이 진행함에 따라 활동을 멈추었을 때에도 통증을 호소하며, 밤에 통증을 느끼는 경우도 있다. 심한 굴곡이나 내 회전, 방향 전환을 할 때 예리한 통증이 느껴질 수 있으며 서혜부나 대퇴부의 내측을 따라 무릎까지 연관된 통증 을 유발하기도 한다. 피로골절 부위를 누르면 아프고 부을 수도 있지만 아무런 증상이 없 는 경우도 있고 명확한 외상의 기억이 없기 때문에 피로골절이 일어난 것을 모르고 지나칠 수 있다.

피로골절로 진단되면 처음 2주에서 6주까지는 반기브스, 보조기 등으로 보호하고 안정을 취하며, 통증을 줄이기 위해 냉치료, 압박, 하지거상, 종아리 근육의 마사지, 이완요법을 시행한다. 소염제 복용은 뼈 유합을 방해한다는 의견도 있으나 초기에는 진통 억제 효과를 위하여 짧은 기간 동안 사용하는 것은 문제가 없다. 통증이 점차 사라지기 시작하면 부분적인 체중 부하를 허용하며 물속에서 걷기, 수영, 저강도의 고정식 자전거 타기 등을 시행한다. 체중 부하 시 다시 통증이 느껴진다면 다시 초기 상태의 치료, 즉 체중 부하 금지, 절대안정의 치료로 돌아가야 하며, 고 에너지타입의 체외 충격파 중심성 치료는 피로골절의 치료에 도움이 된다고 최근 보고 되고 있다. 영양 상태와 생리불순은 정상화되어야 하며, 혈중 비타민 D레벨 25(OH)D3을 50ng/ml 이상 유지하는 것을 권장한다. 정상적인 운동으로 복귀까지는 8주에서 16주까지 소요된다. 보존적 치료에 반응이 없거나 치료 시기를 놓친 경우에는 수술적 치료를 고민해야 한다.

Foot & Ankle
족부·발목 통증

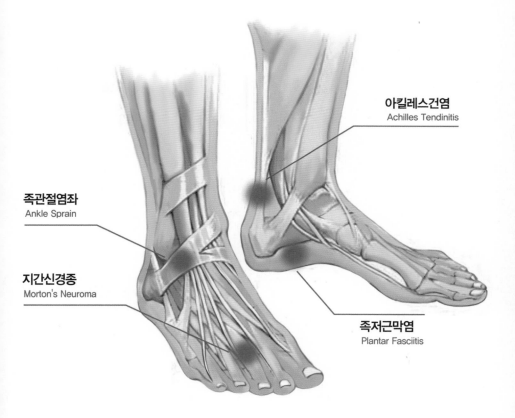

아킬레스건염
Achilles Tendinitis

족관절염좌
Ankle Sprain

지간신경종
Morton's Neuroma

족저근막염
Plantar Fasciitis

그 외

후경골근건염
Tibialis Posterior Tendinitis

족근골증후군
Tarsal Tunnel Syndrome

종골점액낭염
Retrocalcaneal Bursiitis

비골건건염
Peroneal Tendinitis

종골피로골절
Calcaneous Stress Fracture

부주상골동통증후군
Accessory Navicular Pain Syndrome

중족골피로골절
Metatarsal Stress Fracture

족부동통증후군
Painful Heel Syndrome

발톱손상, 물집, 굳은살
Nail Injury, Blister, Callus

아킬레스건염

▶ **아킬레스건의 구조**

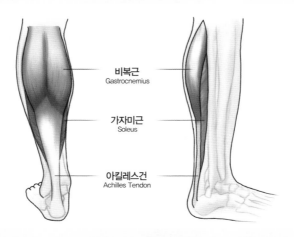

비복근
Gastrocnemius

가자미근
Soleus

아킬레스건
Achilles Tendon

아킬레스건은 비복근과 가자미근의 원위부가 합쳐져 종골에 부착하는 건조직을 말하는데 이곳에서 발생한 염증을 아킬레스건염이라고 한다. 최근에는 조직 검사에서 염증세포나 염증 매개물질이 발견되지 않는 경우도 있어 최근에는 건염보다는 건병증이라고 명하기도 한다. 발생 위치에 따라 비부착성Non-Insertional 아킬레스건병증과 부착성Insertional 건병증 으로 나뉜다. 비부착성 아킬레스건병증은 부착성보다 흔하고, 종골 상방 2~6cm 사이에서 발생한다. 부착성 아킬레스건병증은 아킬레스건이 종골에 부착되는 부위에서 발생하며 종 골의 모양에 의해 자극되는 경우도 있다. 아킬레스건염은 선수생명을 단축시키는 치명적 인 부상이 될 수 있으므로 초기부터 잘 대처하는 것이 중요하다.

왜 생기는 걸까?

아킬레스건염은 주로 나이와 관련이 많다. 나이가 증가할수록 아킬레스건 주변으로 혈류 가 저하되고 대사가 원활하지 않아 발생할 수 있다. 또한 많이 달릴수록 발생 위험도가 커 지는데, 장거리 달리기선수의 경우 1,000km를 달릴 때 0.02%의 확률로 발생한다. 인터벌 운동의 증가, 훈련 스케줄의 갑작스런 변화, 주간 달리는 거리의 증가 등과 같은 운동 과부하가 주원인이 되며, 과도한 업힐 훈련, 딱딱하거나 경사진 면에서의 달리기 등의 훈련 방법도 문제가 된다. 다리 길이 차이나 족부의 과회내전, 전족부의 내반 변형과 같은 신체적 정렬 이상은 아킬레스건염을 유발시키는 내적 요인으로 작용할 수도 있으며 당뇨, 비만, 통풍 등의 대사성, 만성 질환의 기저 질환이 있는 경우에도 발생하기 쉬워진다.

어떤 증상이 있을까?

달리기나 운동을 많이 할 때 아프기 시작하고, 아침에 처음 발을 디딜 때 아킬레스건 주변이 뻐근하거나 고통스럽다. 달리면서 치고 나갈 때 속도가 저하되며, 점프하고 착지할 때 통증이 느껴진다. 아킬레스건염은 비부착성 부위에서 2/3, 부착성 부위에서 1/3 비율로 발생하고 아킬레스건 주위로 부종과 국소적인 통증을 호소한다. 통증의 위치가 발목의 움직임에 따라 이동하면 아킬레스건에만 문제가 있는 것이고, 고정되어 변화가 없다면 부건병증Paratenonitis이 동반된 것을 의미한다. 부건병증이 동반되었다는 것은 아킬레스건과 부건 사이에 유착이 되어 있다는 것을 의미하고 치료 방법이 달라질 수 있다.

 Dr. Nam's opinion

급성기에는 발뒤꿈치를 올려주는 보조기나 반기브스 고정을 통해 아킬레스건에 부하를 줄여주며 RICE요법, 기본적인 물리 치료를 증상이 호전될 때까지 시행해준다. 급성기에는 소염제 복용이 효과가 있으나, 장기간 사용하는 것은 권장하지 않는다. 부건병증Paratenonitis이 있어 건과 부건의 유착이 있을 경우 생리식염수를 주입하여 유착을 박리하기도 한다. 고에너지 타입의 중심성 체외충격파 치료에 대한 좋은 결과가 많이 보고되고 있어, 최근에는 증상 초기부터 적극적으로 사용하기도 한다. 만성화된 경우 인대강화주사나 PRP주사도 도움을 줄 수 있다.[미주12]

아킬레스건의 강화와 치료에 있어 가장 기본적이며 중요한 운동 방법은 편심성근력 강화 운동이다. 계단이나 스텝박스에 발끝을 걸쳐놓고 체중을 이용하여

뒤꿈치를 내리며 근력을 키우는 방법이다. 아킬레스건 중앙부의 통증에 가장 효과가 좋으며, 60~90 %의 치료 성공률을 보인다. 달리기를 다시 시작할 때에는 발목과 종아리에 부하가 적은 리어풋 착지를 선택하는 것이 도움을 줄 수 있고, 드롭이 높고 쿠션이 충분한 신발을 선택하는 것이 좋다. 업힐 훈련이나 점프 동작이 포함된 운동은 증상이 좋아질 때까지는 피해야 한다.

▶ **아킬레스건 편심성 강화 운동**

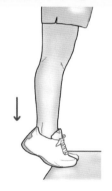 

족관절염좌

▶ 족관절염좌

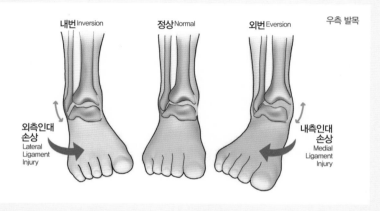

내번 Inversion　　정상 Normal　　외번 Eversion　　우측 발목

외측인대
손상
Lateral
Ligament
Injury

내측인대
손상
Medial
Ligament
Injury

족관절염좌는 외측염좌Lateral Spain, 내측염좌Medial Sprain, 경비골인대염좌High Ankle Sprain
으로 분류된다. 가장 흔한 것은 외측인대 손상(90%)이며, 족관절이 바닥으로 향한 상태에
서 안쪽으로 꺾이는 내번력이 가해질 때 발생한다. 이런 경우 대부분 전거비인대의 손상이
발생한다. 내측인대, 즉 삼각인대의 손상은 족관절이 바깥쪽으로 꺾이는 외번력이 작용할
때 발생하며 흔하지는 않다(2.8%). 내측인대 손상은 외측부의 골절이나 인대 손상이 같이
발생하며, 대부분 심한 족근 불안정성을 동반한다. 경비인대결합Syndesmus의 손상은 족관
절이 바깥으로 회전하는 외력이 가해질 때 발생하며, 치료가 어렵고 만성적인 증상을 일으
킬 수 있다.

발목의 구조

• 발목Ankle은 다리와 발을 연결시켜주는 관절로 정강이뼈Tibia, 종아리뼈Fibular, 목발뼈Talus로
이루어진 격자모양의 관절이다. 외측에는 전거비인대, 종비인대, 후거비인대로 이루어져 있고,
내측에는 삼각인대가 넓고 단단하게 발목을 고정시켜준다. 발목 관절의 운동 범위는 족배 굴
곡은 20도, 족저 굴곡은 55도, 내번Inversion은 40도, 외번Eversion은 20도로 측정된다.

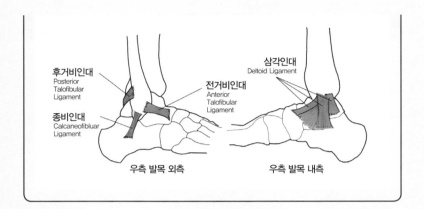

후거비인대
Posterior
Talofibular
Ligament

종비인대
Calcaneofibluar
Ligament

전거비인대
Anterior
Talofibular
Ligament

삼각인대
Deltoid Ligament

우측 발목 외측　　　　　　　우측 발목 내측

손상 정도에 따른 족관절염좌 분류

- **1도(Mild) 손상:** 전거비인대 또는 종비인대 부분파열, 전방 부하 검사 음성,
  1도(발목염좌의 50% 이상을 차지)
- **2도(Moderate) 손상:** 전거비인대 파열, 종비인대 부분파열, 전방 부하 검사 2도
- **3도(Severe) 손상:** 전거비인대 및 종비인대 파열, 전방 부하 검사 3도

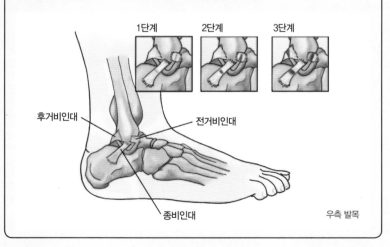

1단계　　　2단계　　　3단계

후거비인대

전거비인대

종비인대

우측 발목

왜 생기는 걸까?

발목의 접질림, 삠, 삐끗함으로 표현되는 족관절 염좌는 모든 운동종목에서 흔한 외상이다. 인대 손상의 위치는 족관절의 외측, 내측, 원위 경비골 부위에서 발생한다. 그 중에서 족관절 외측 부위는 발목 골격의 해부학적 구조 및 전거비인대의 취약성으로 인해 가장 흔히 발생한다. 달리기종목에서는 지면이 불규칙한 도로를 달리거나 산악 달리기, 트레일 러닝 도중에 수상하기 쉬우며, 장거리 달리기 경우에는 피로 누적으로 인한 인대 손상의 형태로도 나타난다.

어떤 증상이 있을까?

복사뼈 주위의 국소적인 압통, 반상출혈, 부종이 관찰되고, 발목을 수동적으로 운동시킬 때 통증이 심해진다. 탄발음 느낌과 함께 종창이 발생한 경우에는 인대 파열의 정도가 심하거나 발목뼈의 골절 가능성이 있으므로 주의 깊게 관찰하는 것이 좋다. 발목에 자주 힘이 빠지거나, 갑자기 휘청거릴 것 같은 느낌이 든다면 발목 불안정성이 있다는 것을 의미한다.

 Dr. Nam's opinion

족관절염좌는 3가지 단계를 거쳐 회복되는 데 1단계는(7일 내외) 급성기에 대한 치료, 2단계는(1~2주) 발목 관절의 운동 범위, 근력 및 유연성을 회복하는 기간, 3단계는(수 주~수 개월)다치기 이전의 운동 수준으로 돌아가는 단계를 말한다.

1단계에서는 RICE요법과 석고나 보조기를 이용한 고정을 시행한다. 인대 손상 부위에 충분한 휴식을 주고, 얼음 등을 이용한 냉찜질을 한 번에 20~30분간, 하루 3~4회 시행하고, 발목을 심장보다 높게 올려놓은 상태로 붕대 등으로 적절히 압박하여 부종을 가라앉힌다. 1도 발목염좌의 경우는 이 방법으로 치료가 충분하나 2,3도 발목염좌의 경우는 석고나 보조기를 이용하여 10일 이내로 고정해주는 것이 좋다. 부종이 가라앉고 통증이 사라지는 2단계부터는 관절 운동을 시작한다. 발목을 발등 쪽으로 움직이는 운동(족배 굴곡 운동)만을 시행하고, 발바닥 쪽으로 움직이거나 안쪽으로 움직이는 운동은 금하는 것이 좋다. 3단계에서는 눈 감고 가만히 서 있기, 한 발로 서기, 기울어진 판 위에서 서기, 비골건 강화 운동 등을 시행하여 족관절의 밸런스를 키우고 전거비인대의 힘을 증폭시켜줄 수 있는 비골건의 강화에 집중하는 것이 좋다.

갑작스럽게 발목이 접질려 다시 파열되지 않도록 주의하면서, 가벼운 보조기나 테이핑을 한 상태에서 운동하는 것이 안전하다. 인대강화주사나 PRP주사도 인대의 치유에 도움을 줄 수 있다. 적절한 보존적인 치료에도 불구하고 지속적인 증세, 3도의 인대 파열, 만성적인 불안정성이 동반될 때 수술적 치료를 고려한다. 불안정성이 남는다는 이유로 초기부터 적극적인 수술을 하는 경향도 있지만 대부분은 보존적 치료, 인대 강화 치료, 근력 운동으로 호전되는 경우가 많다. 수술 방법은 피부에 절개를 가하여 접근하거나 관절경으로 파열된 인대를 확인하여 재건한다.

달리기로 인한 발목염좌는 대부분 1도, 2도 손상에 국한되는 경우가 많다. 짧은 기간 동안 발목을 보호하고 통증과 부종이 사라지는 시기부터 적극적인 재활 프로그램에 들어가는 것이 좋다. 한발 서기 운동으로 평형감각을 익히고 밴드나 공을 이용하여 비골건을 강화시키며 인대강화주사를 병행한다면 좋은 효과를 볼 수가 있다. 다친 발로 점프가 가능하다면 러닝으로 복귀해도 좋다.

▶ 발목 강화 운동

▶ **족저근막염**

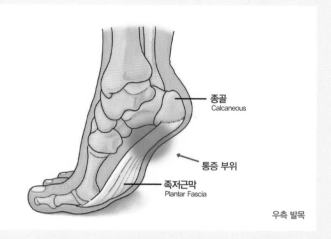

종골
Calcaneous

통증 부위

족저근막
Plantar Fascia

우측 발목

족저근막은 종골^{Calcaneus}이라 불리는 발뒤꿈치뼈에서 시작하여 발바닥 앞쪽으로 5개의 분지를 내어 발가락 기저 부위에 부착되는 강하고 두꺼운 섬유띠를 말한다. 발의 아치를 유지하고 발에 전해지는 충격을 흡수하며, 체중 부하 상태에서 발을 들어 올리는 데 도움을 준다. 이러한 족저근막에 반복적인 미세 손상이 생기거나, 노화로 인하여 근막의 구성성분인 콜라겐이 변성되고 염증이 발생되었을 때를 족저근막염이라고 한다. 성인의 발뒤꿈치 통증의 대표적 원인 질환으로 알려져 있다.

왜 생기는 걸까?

평소 운동을 하지 않던 사람이 갑자기 많은 양의 운동을 할 때, 달리는 거리나 속도의 급격한 변화를 줄 때, 장거리 마라톤 대회를 연이어 출전하게 될 때 족저근막의 피로가 누적되면 흔히 발생한다. 급격하게 체중이 증가하여 발뒤꿈치에 충격이 증가하거나, 쿠션이 없는 구두나 하이힐을 착용하는 경우에도 자주 발생한다.

또한 구조적으로 발바닥의 아치가 정상보다 낮아 평발로 불리는 편평족이나, 아치가 정상보다 높은 요족 변형이 있는 경우, 다리 길이의 차이, 발의 과도한 회내 변형, 하퇴부 근육의 구축 또는 약화 등이 있는 경우에도 족저근막염이 유발될 수 있다. 러닝화를 쿠션화에서 드롭이 적은 신발 혹은 최소주의 신발로 교체하는 경우, 달리기주법을 급격하게 포어풋·미드풋 러닝으로 바꾸는 경우 족저근막에 압력이 증가하여 발생한다. 그 밖에 당뇨, 관절염 환자에서 동반되는 경우가 있다.

어떤 증상이 있을까?

족저근막염의 증상은 서서히 나타나기도 하지만 급격하게 찌릿하면서 느껴지기도 한다. 전형적인 증상은 아침에 일어나 처음 몇 발자국을 걸을 때 심한 통증을 호소한다. 이는 밤새 족저근막이 수축되어 있다가 체중 부하가 이루어지며 급격한 스트레칭으로 인해 발생하는 것이다. 통증은 주로 발뒤꿈치 안쪽에 발생하는 경우가 대부분이고, 발뒤꿈치뼈 전내측 종골 결절 부위를 누르면 압통이 발생하기도 한다. 발가락을 발등 쪽으로 구부리며 족저근막의 길이를 늘릴 때 통증이 심해진다. 주로 가만히 있을 때는 통증이 없다가 움직이기 시작하면 통증이 발생하고 일정 시간 움직이면 통증이 다시 줄어드는 양상을 보인다. 하지만 진행된 족저근막염의 경우에는 오래 걷거나 운동을 하는 도중, 운동 직후에도 통증이 발생한다. 장거리 달리기의 경우 일정 거리를 지나면서 통증이 서서히 강해지는 느낌이 들고, 단거리 달리기 경우에는 급격하게 찢어지는 예리한 통증을 느끼게 된다.

 Dr. Nam's opinion

족저근막염은 길게 보면 특별한 치료 없이도 스스로 증상이 좋아지는 자한성 Self-Limiting 질환으로도 알려져 있다. 그러나 좋아지기까지 약 6~18개월 가량의 시간을 요하여 무작정 나아질 때까지 기다리기에는 생활에 불편한 점이 많다. 특히 달리기를 즐기는 러너에게는 장시간의 기다림은 육체적 고통뿐 아니라 정신적인 고통까지 일으키게 된다. 족저근막염환자에게도 RICE요법, 물리치료, 소염제 복용은 기본적인 치료다. 소염제는 염증이 동반된 급성기에는 효과가 있지만 만성 병변의 경우 염증보다 퇴행성 변화가 원인이기 때문에 장기간의 사용은 피하는 것이 좋다. 근막 부위에 국소적인 스테로이드주사는 통증

호전과 염증 감소에 효과를 보이지만 근막 파열, 지방패드 위축 등의 부작용을 야기할 수 있으므로 상당한 주의를 요한다. 체외 충격파 요법은 보존적 치료에 반응하지 않는 경우 족저근막의 재생 및 혈류 증가, 통증 조절을 위해 사용된다. 최근 중심성–고에너지타입의 충격파의 치료 효과에 대한 좋은 결과가 많이 보고되고 있으나 치료자에 따라 결과의 차이를 보일 수 있다.

▶ 족저근막 스트레칭

족저근막염에서는 스트레칭이 특히 중요한 치료 방법이다. 족저근막과 아킬레스건을 동시에 스트레칭해주는 것은 치료에 도움이 된다. 족저근막과 아킬레스건을 효과적으로 늘려주는 스트레칭 방법으로 자리에 앉아 발을 반대쪽 무릎 위에 올리고, 손으로 엄지발가락 부위를 감아 발등 쪽으로 올리면 발바닥의 근막과 아킬레스건이 스트레칭 되는 것을 느낄 수 있다. 한 번 스트레칭 시 15~20초간 유지하여야 하고, 한 번(한 세트)에 15차례 정도 스트레칭 운동을 한다. 아침에 발을 딛기 전이나 쉬었다 걷기 시작할 경우 가볍게 스트레칭하는 것을 습관화하는 것도 좋다. 또한 족부와 발목, 종아리의 근력이 약해지면 족저근막과 인대에 압력이 가중되어 근막 손상을 입기가 쉬워지기 때문에 근력 강화 운동에 신경 써야 한다.

족저근막염의 통증이 조절되기 시작하면 바닥에 수건을 길게 깔아놓고, 발가락만을 사용하여 수건을 집어 드는 운동과 계단 끝에 서서 까치발을 들었다가 내

▶ 족저근막 강화 운동

리는 운동을 지속하는 것이 좋다. 체중 부하를 줄이고 심폐지구력과 달리기 근력을 키울 수 있는 대체 운동은 필수적이다. 그중에서도 수중 달리기, 자전거, 수영, 인라인 스케이트, 로잉머신과 같은 전신 운동이 좋다.

뒤꿈치 컵(Heel Cup)은 부드러운 재질의 뒤꿈치 패드로, 충격을 줄여주어 도움을 줄 수 있다. 밤에 잘 때 족저근막이 짧아지는 것을

방지하기 위해 부목이나 석고 고정을 이용하여, 발목 관절이 중립 혹은 약간 발바닥 쪽으로 굽힌 상태를 유지하는 방법도 사용한다. 아치가 정상보다 높은 요족 변형이나 평발의 경우 발모양에 맞는 깔창을 주문제작하여 사용하기도 하는데 아직까지 치료 효과에는 논란이 있다. 신발의 경우 바닥이 얇고 잘 구부러지며 전후 드롭의 차가 적은 신발일수록 족저근막에 충격이 직접적으로 전해지기 때문에 통증이 있을 때는 피하는 것이 좋다.

최근 족저근막염은 급격한 달리기주법의 변화에서 오는 경우가 많아지고 있다. 포어풋이나 미드풋 착지는 달리는 퍼포먼스 관점에서는 좋은 측면도 있지만, 급격한 착지의 변화는 오히려 문제를 일으키게 된다. 리어풋 착지에 적응되어 있던 일반 러너가 한순간에 포어풋·미드풋 착지로 전환하게 된다면 무릎, 허벅지 부위의 부하가 전족부, 족저근막, 종아리 근육으로 이동하게 된다. 급격한 압력이동과 부하의 상승은 족저근막에 미세 손상과 부분 파열을 발생시킬 수 있게 되는 것이다. 여기에 신발도 같이 최소주의 신발, 제로드롭 신발로 동시에 변화를 준다면 족저근막에 가해지는 부담은 2배로 증가하게 된다. 급격한 착지의 변화를 피하며 체중 감량과 함께 한 가지 착지법에 너무 얽매이지 않는 유연한 마음가짐을 갖는 것이 좋다.

▶ **지간신경종**

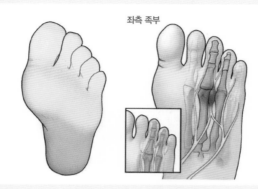

좌측 족부

러너에게 흔히 발생할 수 있는 발 앞쪽의 저릿한 통증으로 족부에 생기는 신경압박증후군
이다. 족지에 분포하는 신경의 분지인 지간신경 주위 조직에 섬유화가 나타나면서 전족부
의 통증을 일으키는 질환이다. 엄밀히 말하면 지간신경종은 진성신경종은 아니며, 족지의
중족골 사이의 압박으로 인한 신경의 부종 및 염증반응으로 보는 견해가 많다.

왜 생기는 걸까?

원인은 명확하게 알려져 있지 않지만, 중족골 사이의 인대 하방에서 발가락으로 가는 신경
이 압박되어 발생한다는 학설이 가장 널리 알려져 있다. 한편으로는 추락 사고, 좌상 등과
같은 급성 외상에 의해 발생할 수도 있으며, 신경 주변의 결정종, 활액낭포, 지방종, 중족지
골간 인대비후, 발가락 변형 등에 의해 발생할 수도 있다.

지간신경종은 특히 중년 여성에서 발생률이 8~10배 정도 많은데, 앞볼이 좁고, 굽 높은
신발을 신을 경우 인대와 발허리뼈 사이에서 신경이 눌릴 가능성이 높아지기 때문이다. 특
히 3,4발허리뼈 사이, 2,3발허리뼈 사이의 공간이 다른 부위보다 좁기 때문에 신경이 눌릴
가능성이 높다. 신경이 압박되어 지간신경이 붓게 되면 신경의 존재할 공간의 여유가 없어
지므로 신경 손상과 염증반응이 지속되는 악순환이 반복된다.

어떤 증상이 있을까?

걷거나 운동 시에 앞 발바닥 쪽으로 찌릿한 통증이 느껴진다. 통증의 정도는 경미한 정도부터 불로 지지는 듯한 느낌, 따끔하고 저리거나 무감각한 양상의 통증까지 다양하게 나타날 수 있다. 특징적으로 굽이 높고 앞이 좁은 구두를 신었을 때 증상이 나타나다가 구두를 벗고 발 앞쪽을 주무르면 좋아지는 경우도 있다. 주로 3번째 4번째 발가락 사이 물갈퀴 공간에서 발생하며, 한 개 이상의 물갈퀴 공간에서 동시에 증상이 생길 수 있다.

Dr. Nam's opinion

가장 기본이 되는 치료는 원인이 될 만한 좁은 신발을 신지 않는 것이다. 동양인은 특히 앞볼이 넓은 편이기 때문에 유러피안 스펙보다는 아시안 스펙의 신발을 선택하는 것이 좋다. 운동화의 양측 면을 커팅하면 착지 시에 중족골 사이의 압력을 줄일 수 있어 증상 완화에 도움을 준다. 중족골 패드Metatarsal Pad를 중족 골두 근위부에 착용하면 압력을 줄일 수도 있으며, 기능성 깔창과 기능성 신발을 사용하여도 같은 효과를 볼 수가 있다. 밤에 잘 때 발가락 사이를 넓게 벌리는 양말이나 보조기를 이용하여 휴식을 주는 것도 좋다. 보존적 치료에 반응이 없을 때에 스테로이드주사는 수술 대신 좋은 효과를 보이는 경우가 많다. 발허리뼈 머리 사이의 공간에 국소 마취제와 스테로이드를 혼합해서 주사하면 신경의 염증을 줄여주는 데 도움을 준다. 스테로이드주사로 30% 정도는 완전히 증상이 좋아지고 30~50%에서는 부분적으로 증상이 호전된다는 보고가 있다.

▶ **운동화 측면 커팅**

커팅 부위

커팅 부위

▶ **수면양말**

Thigh

허벅지 통증

대퇴사두근손상
Quadriceps Strain/Pull/Injury
Rectus Pull

햄스트링손상
Hamstring Injury

내전근손상
Adductor Strain/Pull/Injury

그 외
장요근근막동통증후군
Tensor Fascia Lata Muscle Pain Syndrome

햄스트링손상

햄스트링 근육이 늘어나거나 파열되었을 때 햄스트링부상이라 말하며, 축구, 야구, 농구, 달리기 등 종목에 가리지 않고 선수와 일반인을 힘들게 하는 악명 높은 근육 손상이다. 햄스트링손상은 하지 부상 중에 흔한편이며(29%), 특히 단거리 달리기선수 부상의 50% 이상을 차지하며, 허들선수에게 자주 빈번히 발생한다.

대퇴이두근에서 72%의 빈도로 파열이 흔히 일어나며, 반막양근에서는 18%, 반건양근에서 10% 순으로 발생한다. 근육의 손상은 주로 편심성 수축Eccentric에서 발생하며, 햄스트링 근육의 길이가 길어지면서 갑작스러운 수축을 시작할 때(발뒤꿈치가 땅에 닿을 때)가 가장 위험한 순간이다. 갑작스런 방향 전환 혹은 달리기 등을 요구하는 운동 시 햄스트링 부상 가능성이 높지만 발레나 요가같이 지긋하게 몸을 스트레칭 하면서 손상을 입는 경우도 있다. 햄스트링손상은 손상기전 등 분류하는 방법이 다양하다. 근육의 손상 정도에 따라 분류하는 전통적 분류, 근육 손상의 위치에 따른 분류로 구분할 수 있다.

햄스트링이란?

허벅지 뒤쪽에 있는 근육과 힘줄 부분을 말한다. 햄스트링 근육은 무릎 관절을 굴곡 시키고, 무릎을 뻗은 상태에서는 둔부 근육과 함께 고관절을 후방으로 신전시키며, 골반의 균형을 잡아주는 역할을 한다. 대퇴이두근(넙다리두갈래근), 반건양근, 반막양근이 여기에 속하고, 대퇴이두근(넙다리두갈래근)은 장두와 단두로 구분할 수 있다. 장두는 내측 좌골결절에서 시작하며 엉덩이 관절을 신전시키는 기능을 담당하고 단두는 무릎 관절을 굴곡 시킨다. 반건양근과 반막양근은 골반에서 정강이까지 길게 이어져 있다. 이 근육은 자동차의 브레이크처럼 동작을 멈추거나 속도 감속, 방향을 전환하는 역할을 한다.

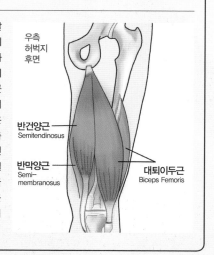

우측 허벅지 후면

반건양근
Semitendinosus

반막양근
Semi-
membranosus

대퇴이두근
Biceps Femoris

손상기전에 따른 햄스트링손상 분류

- **고속 질주형(Splinter Type):** 빠르게 질주하는 달리기선수에 있어서 햄스트링의 손상은 주로 대퇴이두근에 발생하며, 좌골 부위에 인접한 손상일수록 회복이 더디게 일어난다.
- **스트레칭 타입(Stetching Type):** 발레같이 고관절을 구부린 상태에서 무릎을 서서히 신전하는 동작에서 파열이 발생한다. 15명의 댄서에게 발생한 햄스트링 파열을 이학적 검사와 MRI 촬영을 통해 비교 분석한 논문을 보면 스트레칭 타입의 햄스트링 손상은 주로 반막양근의 근위부에서 발생하였으며(87%), 대퇴방형근Quadratus Femoris, 대내전근Adductor Magnus 에서도 관찰되었다. 이 파열의 특징은 좌골 근처에서 발생하며, 1개 이상의 근 건 접합부 손상을 포함한다.

전통적 분류, 파열 정도에 따른 분류

파열 정도에 따른 분류
- **Grade1(Mild):** 과하게 스트레치 되었으나, 근육 건 단위가 유지되면서 구조적 손상이 경미한 경우
- **Grade2(Moderate):** 근 섬유의 부분 혹은 불완전 파열
- **Grade3(Severe):** 완전 파열

위치에 따른 분류
손상의 부위는 위치에 따라 근위부, 비부착부(근육), 원위부 파열로 구별할 수 있다.
- **근위부 손상, 근위부 햄스트링 건열 손상:** 햄스트링 근육의 시작 부위인 좌골결절 부위의 파열. 탄도 운동을 가진 스포츠(스키, 댄싱, 웨이트, 스케이팅)에서 발생한다.
- **비부착성 손상, 근육 손상:** 허벅지 중간 부위 햄스트링 근육 실질 내에서의 파열. 근섬유의 손상 근건이행부Musculotendinous junction 에서 가장 호발한다.
- **원위부 손상, 원위부 햄스트링 건열 손상:** 무릎 후면의 햄스트링 근육의 부착부 주변에서 일어난다(흔하지 않다).

파열 정도에 따른 햄스트링 손상의 분류

1도 파열 Grade1 　 2도 파열 Grade2 　 3도 파열 Grade3

위치에 따른 햄스트링 손상의 분류

근위부 손상 　 원위부 손상 　 비부착성 손상

왜 생기는 걸까?

대퇴사두근과 햄스트링의 힘의 균형이 무너질 때 햄스트링이 손상될 위험이 있다. 대퇴사두근과 햄스트링의 근력의 밸런스는 3:2다(Muscle Side To Side Difference > 10~15%, Hamstring/Quadricep Ratio > 0.6일 때). 햄스트링 근육을 단련하지 않아 약해지게 되면 상대적으로 대퇴사두근의 힘이 너무 강해져 햄스트링 근육의 힘의 균형이 깨지면서 근육이 손상된다. 두 근육이 신호 착오로 동시 수축할 경우 상대적으로 약한 햄스트링 근육이 먼저 파열 될 수 있다.

근력의 떨어짐, 코어 근육의 불안정성도 햄스트링 파열과 관련성이 있다. 근육 피로도는 위험인자의 하나로, 피로가 누적되었을 때 중심성 수축보다는 편심성 수축에서 파열이 쉽게 일어난다. 햄스트링 파열의 가장 위험한 요소는 예전에 손상되었던 과거력이다. 한번 손상된 햄스트링 근육은 2~6배 정도 재파열이 일어난다.

어떤 증상이 있을까?

일반적으로 허벅지 뒤쪽에 갑작스럽고 날카로운 통증을 유발하면서 뚝하고 끊어지는 느낌을 받는 경우가 많다. 점진적으로 허벅지 후면이 무거워지면서 근육의 통증을 느끼는 경우도 있고 운동 스타일과 손상 기전에 따라서는 고관절 엉치 바로 아래 부위나 무릎 후면의 통증이 생기기도 한다. 부종과 압통은 보통 몇 시간 내에 발생하며 근육 파열의 정도가 심할 경우 허벅지 후면이나 내측으로 멍이 들면서 변색될 수도 있다. 경도 파열의 경우에는 운동 시에만 통증이 유발되나 완전 파열의 경우에는 보행조차도 어려워진다.

 Dr. Nam's opinion

허벅지 중간부위의 햄스트링 파열은 대부분 보존적 치료를 시행하지만, 근위부와 원위부의 건열 손상은 수술적인 치료가 선행될 수 있다. 그렇기 때문에 허벅지 후면의 심한 부종과 반상출혈을 동반할 경우, 골반 근처, 무릎 후면의 통증을 호소하는 경우에는 grade3의 파열, 근위부 건열 손상, 원위부 건열 손상을 염두하고 MRI를 촬영하는 것이 좋다.

보존적 치료의 경우에도 묵직한 통증이 지속되고 재발이 빈번하기 때문에 많은 생물학적 증식 치료가 연구 중에 있다. 결국 햄스트링손상은 치료가 어렵기 때문에 예방이 최선이다. 프로 운동선수나 엘리트선수의 경우에도 햄스트링 손상을 입게 되면 경기력을 회복하는 데에도 오랜 시간이 소요된다. 은퇴를 결심하는 운동선수 중에는 햄스트링 부상이 그 원인이기도 하다. 햄스트링 부상과 재발 방지를 위해서는 구심성 운동보다는 편심성 운동의 중요성이 강조된다. 평소 햄스트링을 적어도 대퇴사두근의 70% 이상 강도로 유지하려는 노력이 있어야 이러한 부상을 방지할 수 있다. 노딕 운동, 둔부 신전 운동은 이러한 요구가 가장 최적화된 운동이라고 생각하면 좋다. 노딕 운동법은 근육 길이와 근육 볼륨을 키우는 데 도움이 되고, 둔부 신전 운동은 대퇴이두근의 장두를 강화시켜준다.

▶ 노딕 햄스트링 운동

▶ 둔부 신전 운동

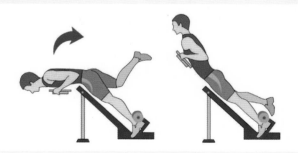

▶ 대퇴사두근의 구조

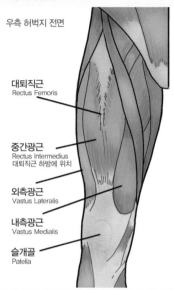

우측 허벅지 전면

대퇴직근
Rectus Femoris

중간광근
Rectus Intermedius
대퇴직근 하방에 위치

외측광근
Vastus Lateralis

내측광근
Vastus Medialis

슬개골
Patella

허벅지 후면의 대표적 근육이 햄스트링이라면, 허벅지 전면에는 대퇴사두근이 그 역할을 담당한다. 대퇴사두근은 대퇴직근, 내외측 및 중간광근으로 구성된 총 네 갈래로 이루어진 근육군이다. 특히 대퇴직근은 골반의 전상장골극ASIS부터 무릎 관절까지 두 개의 관절로 이어지는 근육으로 고관절을 굴곡하는 주동근인 동시에 슬관절을 신전시키고 안정화시키는 역할을 한다. 이러한 대퇴사두근육의 손상은 러너에게서도 흔히 발생하며 햄스트링, 내전근의 손상과 마찬가지로 치료시간도 오래 걸리고 재발률(17%)도 높다. 대퇴사두근중에서는 대퇴직근의 손상이 가장 흔하며, 파열 정도에 따라 Grade1,2,3으로 나뉜다.

왜 생기는 걸까?

대퇴사두근은 축구할 때 슛을 하거나, 전력 질주, 스피드 스케이트처럼 폭발적인 스타트를 해야 하는 스포츠 종목에서도 흔히 발생한다. 고중량 무게로 스쿼트를 할 때도 손상되기 쉬우며 사고로 넘어질 때도 이따금 발생한다. 장거리 달리기에서는 근육의 피로도가 축적되거나, 멈추거나 달리는 동작을 급격하게 할 때 발생하기도 한다. 근육의 전후 밸런스 차이가 심하거나, 고관절 굴곡을 주된 달리기 동력으로 사용하는 경우는 대퇴직근 손상의 위험요소로 작용할 수 있다.

어떤 증상이 있을까?

대퇴사두근의 가장 상부에 위치한 대퇴직근에서 호발하고, 파열이 생기면 대퇴 전면에서 날카로운 통증이 유발된다. 부종과 멍을 동반할 수 있고 심한 경우 근육 파열로 인한 근육의 뭉침과 근육의 단절이 촉지 된다. 오래된 경우 근육이 쉽게 위축되어 허벅지 굵기가 확연히 달라진다.

 Dr. Nam's opinion

대퇴사두근손상은 이학적 소견만으로 충분히 진단이 가능하지만 골격의 이상 유무를 확인하기 위하여 단순방사선촬영은 해보는 것이 좋다. 멍과 부종이 심하거나 근육의 단절이 확인될 때에는 MRI로 파열의 정도와 동반 손상의 유무를 확인하기 위하여 필요한 경우도 있다.

햄스트링손상과 마찬가지로 예방이 최선이다. 리버스 노딕 운동과 같이 근육의 길이가 늘어나면서 외부 힘의 작용에 저항하며 수축하면 편심성 근력 강화 운동이 도움이 된다. 통증이 호전되어 달리기를 재개할 때에는 발목, 종아리, 햄스트링, 둔근을 사용하여 대퇴사두근의 부하를 조금 낮춰주는 것이 좋다.

▶ **리버스 노딕 운동**

내전근손상

▶ 내전근의 구조

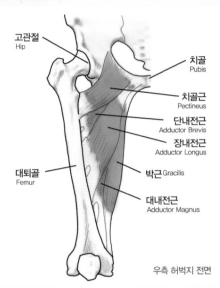

고관절
Hip

치골
Pubis

치골근
Pectineus

단내전근
Adductor Brevis

장내전근
Adductor Longus

박근 Gracilis

대퇴골
Femur

대내전근
Adductor Magnus

우측 허벅지 전면

달리기로 인한 서혜부, 사타구니 통증의 원인은 고관절 내전근 손상과 연관이 많다. 내전근은 골반에서 시작하여 허벅지 안쪽에 부착하며 총 5개의 근육, 치골근, 단내전근, 장내전근, 대내전근, 박근으로 구성되어 있다. 모두 치골과 좌골에서 시작하여 대퇴골 안쪽에 붙기 때문에 허벅지의 안쪽을 모으는 힘을 내게 되고 골반의 균형을 잡는 역할을 하게 된다. 또한 고관절이 굴곡되어 있을 때는 신전하는 근육을 협력하고, 고관절이 신전되어 있을 때는 고관절을 굴곡 시키는 근육을 도와주게 된다.

왜 생기는 걸까?

내전근은 흔히 축구선수가 인사이드킥을 하거나 패스를 하는 동작에 손상을 받기 쉽고, 태권도 발차기 중 옆차기 동작이 내전근손상의 주범이 된다. 급작스러운 방향 전환이나 태클에 의해서도 일어나며, 피로에 의한 반복적인 미세 손상도 원인이 된다. 달리기의 경우 전력 질주, 허들 뛰기, 급격한 멈춤 동작, 방향 전환, 측면 달리기에 의해 급성 손상을 입기 쉽다. 만성적으로는 트레이닝의 오류, 주당 마일리지의 축적, 불규칙한 지면이나 트레일 러닝을 오래 하는 경우 내전근이 피로를 느끼며 손상을 당하게 된다.

어떤 증상이 있을까?

이따금 '딱'하는 소리와 함께 동반되는 급격한 양상의 통증이 나타날 수도 있지만, 그런 느낌 없이도 지속적인 경련을 동반하며 발생한다. 허벅지 내측의 압통을 느끼게 되고 부종과 반상출혈이 동반하는 경우도 있다. 허벅지를 안쪽으로 모으는 힘이 약해지며, 한발로 서기 불편함을 느끼게 되고, 전력 질주 시에 사타구니 안쪽으로 묵직한 통증을 느끼기도 한다.

 Dr. Nam's opinion

병력과 이학적 소견만으로도 충분히 진단이 가능하며, 심한 혈종이나 멍이 있을 경우에는 햄스트링 근위부 건열 손상이 있는지를 확인하는 것이 좋다. 대부분의 내전근 단독 손상은 보존적 치료에 반응한다. 급성기에는 안정을 취하고 체중 부하를 피하며 냉치료와 소염제 복용을 병행한다. 증상이 호전됨에 따라 가벼운 스트레칭과 편심성 강화 운동은 내전근 손상을 치료하기도하며 재발 방지에도 중요한 역할을 한다.

▶ 코펜하겐 내전근 강화 운동

노르웨이에서는 293명의 축구선수를 대상으로 코펜하겐 내전근 강화 운동을 시행하며 축구경기에 참여하게 했다. 그 결과, 41%에 해당하는 선수들에서 통증 및 부상 위험성의 감소 효과를 볼 수 있었다고 한다.

Pelvis · Hip
골반·고관절 통증

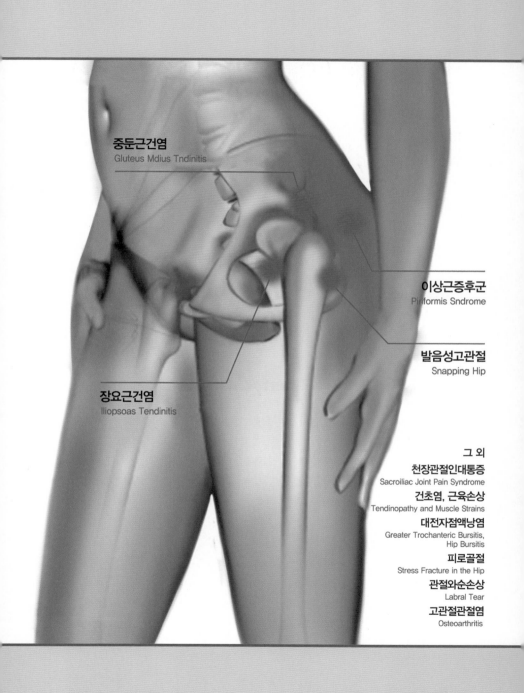

중둔근건염
Gluteus Mdius Tndinitis

이상근증후군
Piriformis Sndrome

발음성고관절
Snapping Hip

장요근건염
Iliopsoas Tendinitis

그 외
천장관절인대통증
Sacroiliac Joint Pain Syndrome
건초염, 근육손상
Tendinopathy and Muscle Strains
대전자점액낭염
Greater Trochanteric Bursitis,
Hip Bursitis
피로골절
Stress Fracture in the Hip
관절와순손상
Labral Tear
고관절관절염
Osteoarthritis

중둔근건염

▶ 중둔근의 구조

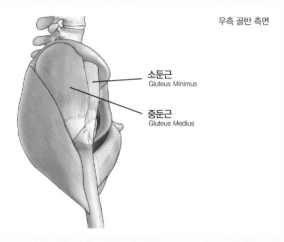

우측 골반 측면

소둔근
Gluteus Minimus

중둔근
Gluteus Medius

중둔근은 대둔근보다 더 깊숙이 위치하며, 골반의 후방부에서 기시하여 대퇴부의 대전자 부위에 부착한다. 중둔근은 걷거나 달릴 때 골반을 안정화시키고 균형을 유지하는 역할을 한다. 중둔근은 큰 하중을 이겨낼 수 있는 힘을 가지고 있으나, 부하가 반복적으로 지속되는 경우에는 근육에 미세 손상이 발생하기도 한다. 이러한 손상이 치유될 시간도 없이 또 다시 부하가 반복된다면 건염, 건병으로 진행되면서 통증과 기능장애를 일으킨다. 이러한 중둔근염은 고관절 외측 통증의 주된 원인으로 작용하며, 40세가 넘은 여성에게서 남성보다 2~4배 많이 발생하는 것으로 알려져 있다.

왜 생기는 걸까?

과도한 런지, 스쿼트, 달리기처럼 같은 동작을 반복하는 경우나 급격한 충격이나 외상으로 인한 중둔근 손상 시에 발생할 수 있다. 장시간의 운전, 좌식생활, 한쪽 주머니에 무거운 것을 넣는 습관이 원인이 되기도 하며, 골반, 골격의 정렬이 좋지 않을 때 중둔근에 과부하를 초래할 수 있다. 나이가 들어감에 따라 근육, 관절, 건의 퇴행성 변화가 발생하고 이로 인해 건손상이나 건병으로 진행하기도 한다.

위험인자로 작용할 수 있는 요인은 다양하다. 다리 길이가 3cm 이상 차이가 날 때, 둔근이 약해져서 이따금 엉치가 한쪽으로 기울어지는 현상이 발생할 때, 부적절한 신발, 족부의 과도한 회내 현상, 과도한 운동 프로그램–달리는 거리의 증가, 달리는 속도의 변화, 달리는 경사도의 변화, 달리는 지면의 변화, 류마티스 관절염, 과체중, 여성 등이 있다.

어떤 증상이 있을까?

고관절의 외측, 대전자 상부의 통증이 주된 증상으로 급성기에는 집는 듯한 예리한 통증으로 느껴지다가 만성으로 진행되면 무디고 묵직한 통증으로 변한다. 오래 서 있거나, 장거리 보행 시, 계단을 오를 때, 달리기를 할 때 악화되며 서혜부 쪽이나 허벅지 외측으로 방사통이 나타날 수도 있다. 아픈 쪽으로 누울 때는 압박에 의해, 반대편으로 누울 때는 스트레칭되는 근육에 의해 통증이 유발된다. 대전자점액낭염, 퇴행성 고관절염, 고관절충돌증후군과 비슷한 증상을 보일수가 있어 의사로부터 정확한 진단을 받고 치료를 시작하는 것이 좋다.

 Dr. Nam's opinion

중둔근은 달리기를 할 때 좌우밸런스를 유지하는 가장 중요한 근육으로 혹사당하기 쉽지만 특별한 관심을 받지 못하는 경우가 많다. 한쪽 중둔근의 약화로 좌우밸런스가 깨졌을 경우 골반뿐 아니라 무릎, 정강이, 발목, 족부, 허리에도 달리기 부상이 생길 수 있다는 것을 인지하는 것은 중요하다. 중둔근건염의 발생시 기본적인 치료와 체외 충격파 치료, 주사 치료로 통증을 호전 시킨 이후 적극적인 근력 강화 운동을 통해 재발방지를 위해 노력해야 한다. 런지, 옆으로 걷기 운동, 옆으로 계단 오르기 운동와 같은 운동이 대표적이며 허벅지 내전근, 대퇴사두근, 햄스트링 근육의 강화도 병행하는 것이 좋다. 다리길이의 차이가 있다면 신발깔창이나 보조기를 사용하게 교정하여주는 것은 도움이 되며, 착지 시 과도한 회내 변형은 증상에 따라 안정화나 움직임 제어 신발도 고려해야한다.

▶ 중둔근 강화 운동 (측면 걷기)

흔히 알려져 있지 않은 병명이지만, 이상근증후군은 러너에게 있어서는 상당히 흔한 편이다. 해부학적으로 이상근은 천골의 내부 표면에 붙어서 대좌골공Greater Sciatic Foramen이라는 해부학적 구멍을 통해 골반 밖으로 나가 대퇴골 대전자에 부착한다. 고관절을 골반에 고정하는 역할과 고관절의 외회전을 담당한다. 이상근 비후나 단축으로 인해 좌골신경이 압박을 받아 엉덩이와 허벅지 뒤쪽, 때로는 종아리와 발까지 통증과 감각 이상을 초래하는 질환을 이상근증후군이라 한다.

▶ **이상근증후군**

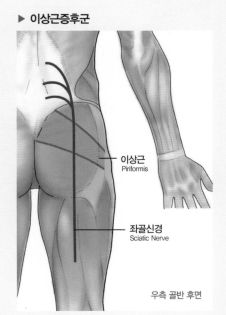

이상근
Piriformis

좌골신경
Sciatic Nerve

우측 골반 후면

왜 생기는 걸까?

달리기나 장시간의 반복적인 운동에 의한 과사용과 피로로 인하여 이상근의 경련이나 단축, 비후로 인해 발생한다. 엉덩이 근육을 많이 사용하거나 장시간 앉아 있는 경우 이상근과 좌골신경을 직접 압박하면서 생길 수 있다. 둔근이나 코어 근육의 약화로 골반, 고관절, 척추의 불안정성이 생기게 되는 경우에는 이상근이 이러한 불균형을 바로잡기위해 과항진되면서 증상을 유발한다.

어떤 증상이 있을까?

엉덩이와 이상근 주변의 통증이 느껴지며 대퇴골—천골 사이 이상근육의 주행방향을 따른 정확한 압통점이 있다. 고관절의 움직임이나 장시간 앉아 있는 자세에 의해 통증은 악화되며, 좌골신경을 따라 하지 후면으로 방사되기도 한다. 허리, 사타구니 부위, 항문 주변, 허벅지 뒤쪽, 다리, 발에 이상 감각과 통증을 느끼는 경우도 있다.

흔히 허리 디스크로 오인하기 쉽다. 정확한 감별진단 이후 이상근 손상 부위에 대한 RICE요법, 소염제 복용, 물리 치료, 주사요법, 체외 충격파 치료를 시행한다. 평상시 꾸준한 스트레칭과 근이완요법을 시행하는 것이 좋다. 짧아지고, 경직되고, 비대해진 이상근을 30초 이상 스트레칭 해 주어야 하며 3~5회 이상 반복해야 한다. 앉아 있는 시간을 줄이고, 가벼운 유산소 운동을 통해 몸 전체의 근육 긴장과 경련을 줄여주도록 노력해야 한다.

▶ **이상근 스트레칭**

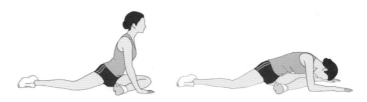

한쪽 다리를 앞으로 접고 뒤에 다리는 쭉 뻗는다.
접은 쪽 엉치근육이 스트레칭 되도록 체중을 실어 앞쪽으로 굽힌다.

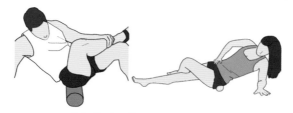

4자 다리를 만든 이후 폼롤러나 테니스공을 이용하여
뭉친 근육 부위를 직접 압박한다.

▶ **장요근건염**

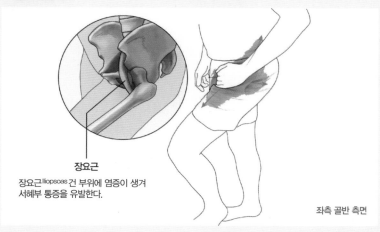

장요근

장요근Iliopsoas 건 부위에 염증이 생겨
서혜부 통증을 유발한다.

좌측 골반 측면

장요근은 골반의 장골과 요추 5번~흉추 12번 앞쪽 외측에서 시작되어 대퇴골의 소전자에 부착되는 40cm나 되는 긴 근육이다. 이 근육은 고관절을 굴곡, 외회전시키고, 하지를 신체방향으로 들어 올리는 역할을 한다. 장요근건염은 골반 안쪽 면에서 시작하는 장골근과 요추에서 기시하는 대요근이 서혜부 부근에서 합쳐지면서 구성되는 장요근 건에 염증이 생겨 서혜부 통증을 유발시키는 상태를 말한다. 오르막 달리기나 계단 오르기를 많이 하는 러너에게 자주 발생하며, 급성 서혜부 통증의 25~30%, 만성 서혜부 통증의 12~36%를 차지한다.

왜 생기는 걸까?

고관절이 신전외력에 대해 급격하게 굴곡을 시행할 때 발생한다. 고관절을 반복적으로 굴곡하는 오르막 달리기, 발레, 자전거, 로잉, 축구에서 부상을 입기가 쉽다. 성장시기에는 고관절 굴곡건이 상대적으로 유연성이 떨어지면서 위험도가 증가한다.

어떤 증상이 있을까?

고관절 및 서혜부의 통증, 운동 제한, 보행 이상이 관찰되며, 고관절의 움직임에 따라 딸까닥하는 소리와 움직임이 느껴질 수 있다. 간혹 허벅지 내측으로 방사통이 생길 수 있으며, 장요근의 기능 저하로 인한 허리통증, 골반통증, 둔근의 통증을 유발되기도 한다.

 Dr. Nam's opinion

통증 부위에 대한 일반적인 치료로도 예후는 대체적으로 좋은 편이다. 단축되고 두터워진 장요근은 골반 전방 굴곡, 요추전만증, 고관절 굴곡의 변성을 가져온다. 장요근을 강화하기 전에 충분한 장요근 스트레칭을 통해 원래의 운동 범위를 확보하려고 노력해야 한다. 관절 운동이 확보되고 통증이 사라질 때 달리기로 복귀하는 것이 좋다.

장요근 스트레칭

- **토마스 스트레칭** Thomas Stretching
  테이블위에 바로 누워 아픈 쪽 다리를 자연스럽게 떨어뜨려 장요근을 중력에 의해 30초 이상 지긋하게 스트레칭을 시켜준다.
- **닐링 런지** Kneeling Lunge
  한 쪽 무릎이 바닥에 닿게 하고 런지 자세를 한 이후 상체를 앞으로 기울여 장요근을 스트레칭 시켜준다.
- **워리어 포즈** Warrior Pose

| 토마스 스트레칭 | 닐링 런지 | 워리어 포즈 |

발음성고관절

고관절이 움직이면서 들리는 소리 혹은 촉진했을 때 딱 하고 튕기는 듯한 소리와 느낌이 나는 임상적 상태를 말하고, 무용수들에게 많이 생겨 Dancer's Hip이라고도 알려져 있다.

모든 인구의 5~10%가 경험을 해보았으며 대부분은 통증을 동반하지 않는다. 남성보다 여성에게 흔하며 무용 이외에 축구, 달리기선수처럼 고관절의 반복적인 동작을 자주 하는 운동 그룹에서 자주 발생한다.

발음성 고관절은 외측형, 내측형, 관절형으로 구분될 수 있다.

발음성 고관절의 분류

1) 외측형 발음성고관절 Exteranal Snapping Hip

고관절이 굴곡과 신전, 외회전과 내회전으로 움직이는 동안 장경인대가 대퇴골두의 대전자 위로 튕겨지면서 소리가 발생한다. 햄스트링이 좌골결절을, 대둔근이 대전자 위를 스치면서 발생하기도 한다.

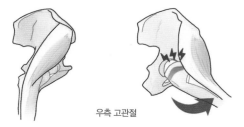

우측 고관절

2) 내측형 발음성고관절 Internal Snapping Hip

장요근 힘줄 Iliopsoas Tendon 의 지나친 단축과 긴장으로 장골의 융기 Iliopectineal Eminence 혹은 대퇴골두 전면과 같은 뼈 위로 스치면서 발생한다. 최근 연구에 의하면 장요근의 단축이 아닌 약화가 문제라는 연구결과들이 보고되고 있다. 장요근은 척추에서 대퇴골까지 이어져 있기 때문에 척추를 안정화시키고 대퇴골두를 중심화 시키는 데 기여한다. 약해진 장요근은 허리 기립근과 고관절 굴곡에 작용하는 대퇴직근, 대퇴근막장근을 과사용하게 만들어 고관절 조절능력의 상실로 이어진다는 견해이다.

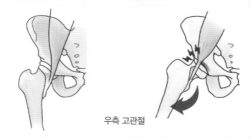

우측 고관절

3) 관절형 발음성고관절 Articular Snapping Hip

관절와순의 파열, 연골 손상, 관절내유리체, 외상후 연부조직, 뼈조각이 고관절 내에 존재하게 되면 관절을 움직일 때 관절 내에서 소리가 발생한다.

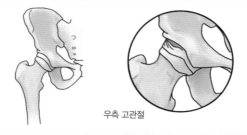

우측 고관절

왜 생기는 걸까?

잘못된 자세와 습관으로 인해 대퇴근막장근이나 장요근의 단축과 긴장에 의해 발생한다. 짝다리, 다리를 꼬는 자세, 장시간의 좌식생활이 문제가 되는 경우가 많고, 장시간의 반복적인 운동, 달리기가 원인이 되기도 한다.

어떤 증상이 있을까?

두꺼운 근막이 대전자부나 장골의 융기를 지나며 튕겨질 때, '두두둑' 하는 탄발음이 나거나, 소리가 나는 것처럼 느껴진다. 통증이 없는 경우가 대부분이나 탄발음과 함께 통증, 고관절의 운동 제한을 호소하는 경우도 있다.

통증이 없는 경우에는 특별한 치료를 할 필요가 없다. 소리가 나는 관절 운동이나 그러한 자세를 피하는 것으로 충분하다. 통증이 심한 경우에는 물리 치료, 약물 치료, 주사요법 등 보존적인 요법을 시행할 수 있는데 대부분 효과가 크다. 그러나 증상이 심한 경우나 환자가 소리에 민감하게 반응할 때에는 수술로 원인이 되는 근막을 자르거나 느슨하게 봉합해 주는 방법을 사용하기도 하는데 흔하지는 않다.

그 외 달리기 부상

허리(Lower Back)

- 요추부근막동통증후군(Lower Back Pain)
- 요추부파셋증후군(Facet Joint Pain Syndrome)

기타 부위

- 승모근, 전완부 근막동통증후군(Myofascial Pain Syndrome)
- 수근관횡 증후군(Carpal Tunnel Syndrome)
- 손목 및 상지의 활액막염, 건염(Tenosynovitis, Tendinitis)
- 늑골근막통(Rib Muscle Myositis)
- 복부근육통증(Abdominal Muscle Spasm)
- 조갑손상, 물집, 무좀

여기서
잠깐!

달리기 부하의 내성을 키우자

1 러너는 신체가 버텨낼 수 있는
능력보다 많은 부하가 걸렸을 때
부상을 입게 된다.

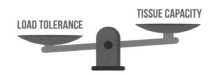

2 러너는 달릴 때 발생할 수 있는 부하를 견뎌낼 수
있을 정도로 충분히 강해져 있어야 한다.
 – 달리기를 할 때 지면 반발력Ground reaction force은
   체중의 2.5~3배가 되고, 종아리근육에
   걸리는 순간 부하는 체중의 6~7배가 된다.

3 하체의 근력 강화와 밸런스 운동을 통해
달리기 부하를 잘 견뎌낼 수 있게 되며,
달리는 동작이 향상되어 부상의 위험 또한
줄일 수 있다.

4 통증이 발생하여 회복에 무리가 올
상황이 되면 달리기는 멈춰주는 것이 좋다.
하지만 가능한 짧게 쉬어주는 것이 좋다.

5 24시간 패턴으로 통증양상을 관찰하여
24시간 이후에도 통증이 줄어들지 않는다면
뛰는 양을 줄여야 한다.

6 족저근막염, 아킬레스건염,
대퇴슬부동통증후군 등의
각 질환에 따라 착지의 패턴을
바꿔야 한다. 극심한 리어풋착지,
극심한 포어풋착지는
피하는 것이 좋다.

7 달리기에 관련하여
모든 급격한 변화는 피하고
서서히 적응해나가는
것이 좋다.

8 달리기 테크닉을 한가지로
지속할 필요는 없다.
증상에 따라 일시적인 변화를
주면서 달리는 것이 좋다.

9 신발의 역할도 중요하나,
체중 부하를 관리하고
역학을 이해하는 것이
더 중요하다.

철인삼종경기의 필요성

　철인삼종경기, 아이언맨 대회라는 명칭을 들으면 일반 사람들은 감히 접근하기 어렵고, 강인한 체력과 정신력을 가진 해병대나 특전사 같은 사람들만 참가할 수 있는 대회라는 느낌이 든다. 사실 철인삼종경기는 단지 세 가지 종목의 운동을 한 번에 하는 경기일 뿐이다. 수영을 하고 자전거를 타고 달리기하며 정해진 코스를 들어오는 것 외에는 특별한 것은 없다. 거리도 올림픽코스(수영 1.5km, 바이크 40km, 런 10km), 하프코스(수영 2km, 바이크 90km, 런 20km) 킹코스(수영 3.8km, 바이크 180km, 런 42.195km)로 나누어져 있어 본인 체력에 맞게 원하는 경기를 치루면 된다. 다시 말하면 철인들만 할 수 있는 경기가 아니라 세 가지 운동을 즐긴다면 누구나 참여가 가능한 운동이다.

　달리기 이야기를 하다가 갑자기 철인삼종경기 이야기를 꺼내는 이유는 무엇일까? 달리기를 오래하다 보면 누구나 무리하게 욕심을 낼 때도 있고, 피로가 누적될 수 있기 때문에 달리기 부상을 경험하게 된다. 달리기 부상은 달리기를 잠시 멈추기만 해도 대부분 후유증 없이 잘 회복되고 다시 달릴 수가 있다. 하지만 부상으로 인해 달리기를 조금 쉬어야 하는 중요한 시점에 목표를 이루고 싶은 욕심이나 달리기 금단증상으로 인해 달리기를 멈추지 못하는 경우가 있다. 이렇게 고통을 참고 하는 달리기는 부상의 이완 기간도 길어질 뿐 아니라 다른 부위의 또 다른 부상을 몰고 오는 경우가 많다. 이러한 달리기 욕구나 금단증상을 해소하기 위해서 달리기를 대신할 수 있는 대체 운동은 반드시 필요하다.

자전거, 수영과 같은 전신 운동은 달리기 부상으로 뛰지 못하는 러너에게 달리기와 가장 유사한 운동 효과와 동일한 즐거움을 선사할 수 있다(물론 수중 러닝이 체중 부하 없이 달리기 퍼포먼스를 재현하는 데 가장 비슷하지만 현실적으로는 쉽지가 않다).

자전거는 사실 인체의 러닝 동작에서 기인되어 만들어졌다. 발과 발목이 할 수 있는 역할을 자전거 바퀴와 휠이 해준다. 하체의 근력 움직임은 유사하게 사용하면서 달리기 착지 때 충격은 없다. 물론 신체가 약간 앞으로 눕기 때문에 척추 자세는 다르지만 포지션과 페달링을 다르게 하면서 근력을 고르게 발달시킬 수 있다.

수영은 물에 의해 척추가 안정적으로 바쳐진 상태에서 상체와 하체를 모두 사용하며 심폐 지구력과 코어 근육을 키우는 데 아주 이상적이다. 어깨에 이따금 무리가 갈 수는 있지만, 허리 통증이 있는 사람에게도 가장 좋은 운동으로 알려져 있다.

달리기로 다시 돌아가서 생각해보면, 달리기는 걷기에서 점진적으로 속도를 빠르게 할 때 자연스럽게 나오는 움직임이다. 심장이 강하게 박동하며 흡입한 산소를 혈액을 통해 전신으로 공급하고, 척추를 올바르게 세우며 상체와 하체의 근육을 사용하여 지면을 강하게 밀고 전진하는 중력을 이겨내는 전신 운동의 완결판이다. 이러한 달리기를 잘하기 위해서는 달리기 테크닉뿐만 아니라 심폐기능의 유지, 달리기 근육 발달, 글리코겐 축적과 지방 대사의 효율이 높아야 한다.

달리기 부상으로 진단 받고 절대 휴식만 취한다면 심폐기능의 저하는 물론 젖산역치의 감소, 전신 근육의 위축이 쉽게 찾아온다. 이러한 능력치의 감소는 부상 회복 후 원상태로 달리는 데까지 상당한 시간을 요구하게 된다. 부상 시기에 자전거나 수영을 꾸준히 해 준다면 심폐기능은 물론 젖산역치, 지방 대사 효율, 전신 근육을 유지할 수가 있다. 이러한 대체 운동은 통증에서 회복 되는 즉시 부상 전 수준의 달리기로 빠르게 복귀하도록 만들어준다. 또한 달리기를 하지 못해서 느끼는 정신적인 금단증상을 새로운 만족감으로 충만하게 해준다. 이와 비슷한 전신 운동으로 로잉머신, 스케이트를 꼽을 수 있다.

• 헬스는 기본이다(매년 바디 프로필의 변화, 4년간)

달리기의 매력에 흠뻑 빠져 즐기다 보면 달리기는 다리만 사용하지 않는다는 것을 쉽게 깨닫게 된다. 잠자던 심장을 뛰게 하고, 쪼그려져 있던 폐를 넓게 팽창시켜주며, 목과 허리의 밸런스를 유지하고

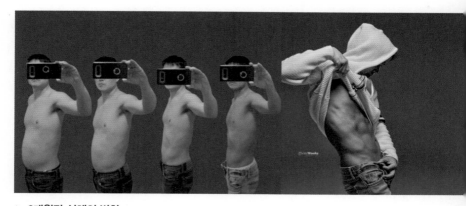

▶ 2개월간 신체의 변화

달리기, 식단조절, 근력 운동을 병행하는 것은 체중 감량과 체지방 감소에 상당한 시너지 효과를 가져온다.

코어 근육을 단단하게 만들어준다. 발과 발목인대에 탄성이 생기고, 무릎, 허벅지, 엉치 근육을 강하게 발달시켜주며 상체의 움직임과 근육 형성에 도움을 준다. 한마디로 전신을 맘껏 사용할 줄 알아야 하며 멋지게 잘 달리려면 가장 완벽한 신체를 가져야 한다. 달리기를 시작하면 잠자고 있던 모든 관절과 근육조직, 인대를 활용하게 되며, 인체의 사용 설명서를 읽어 나가듯이 조금씩 자신의 몸을 알아가게 된다. 한마디로 좌우 및 전후 균형을 가진 멋진 신체를 가진 러너일 수록 잘 달릴 수 있고 부상도 적다. 그런 균형 잡힌 신체를 만들고 유지하는 데에 있어 보디빌딩, 헬스는 달리기의 카운터파트 역할을 충분히 해 줄 수 있다.

골반의 좌우 밸런스가 다르면 스플릿 런지와 스쿼트로, 햄스트링이 약하면 레그컬, 백익스텐션, 데드리프트로, 코어가 약하면 프랭크와 턱걸이로, 상체가 약하면 벤치프레스로 약한 부위를 집중적으로 강화해주는 것이 좋다. 또한 장시간 달리기를 했을 때 발생하는 근손실을 충전하기 위해서 5분할 운동(가슴, 등, 하체, 이두·삼두, 코어 복근)으로 순환하며 강화해주는 것도 좋다.

헬스로 단련된 사람이 달리기를 시작할 때 깜짝 놀랄 만큼 잘 뛰는 사람을 본적이 많다. 그들은 이미 전신 근육사용설명서를 가지고 있는 상태여서 그런지 달리는 퍼포먼스 측면은 물론이고, 달리기 부하에 대한 안전장치도 충분히 지니고 있었다.

어떠한 운동을 하더라도 완벽한 폼이나 완벽한 동작은 없다. 골프 종목만 해도 프로선수의 스윙 폼은 제각각이다. 자유형 동작에는 10단계의 등급이 있다고 한다. 달리기 역시 완벽한 러닝 폼이란 있을 수 없다고 생각한다. 사람의 골격 구조, 근육량, 하체의 길이, 관절 운동 범위들이 제각각이기 때문에 천편일률적인 정석과 완벽은 존재하기 어렵다. 나는 달리기를 하면서 이러한 완벽에 가까운 폼을 추구하는 것보다는 나에게 맞는 폼을 단련해가는 러너이기를 희망한다. 그러려면 달리기 뿐 아니라 자신의 신체를 잘 사용할 수 있는 헬스나 보강 운동은 기본적으로 늘 수련해야 한다고 생각한다.

• 자신만의 달리기, 자신의 삶

달리기를 이해하고 달리기의 매력에 빠지다 보면, 각자의 달리기

세계에 빠져 살게 된다. 달리는 속도에 심취하여 10km 기록, 마라톤 풀코스 기록을 갱신하기 위해 달리는 러너, 마라톤 완주 횟수를 중요하게 생각하여 100회, 500회 완주를 위해 달리는 러너, 여행을 접목하여 전 세계의 마라톤 코스를 답방하는 러너, 극한을 경험하기 위해 100km, 200km 이상의 거리를 달리는 울트라러너, 사막과 남극 같은 오지를 체험하는 러너, 자신의 건강을 위해 달리는 러너, 하루의 스트레스를 달래기 위해 달리는 러너, 다이어트를 위해 달리는 러너, 땀 흘리는 게 좋아서 달리는 러너, 뛰기 시작하면서부터 자신의 달리기 재능을 발견한 러너, 남을 이기기 위해 달리는 러너, 다른 사람들과 어울리기 위하여 달리는 러너, 코로나로 인해 다른 운동을 할 수 없어 달리는 러너, 직업적으로 달리는 러너, 러닝이 행복하고 즐거워서 달리는 러너 등…. 너무나 다양한 목표와 이유로 중력을 이겨내며 지구 위를 뛰어 다닌다.

왜 달리는가?에 대한 질문은 우리가 왜 사는가? 행복이 무엇인가? 같은 맥락의 질문일 수도 있다. 나에게 있어 달리기는 목 디스크를 이겨내기 위한 건강상의 이유로 시작되었다. 그러다 보니 마라톤이란 한계를 극복해냈고, 완주의 성취감은 기록을 위한 도전으로 이어져갔다. 크리스토퍼 맥두걸의 《본투런》에 나오는 주인공들처럼 어마어마한 거리를 엄청나게 빠른 속도로 달리고도 싶었지만, 불행하게도 나에게 그런 달리기 유전자는 없었다. 4년을 열심히 꼬박 달려서

겨우 4시간의 벽을 깬 그저 평범한 러너였다. 매주 마라톤 풀코스를 뛰고도 가뿐한 선배님, 처음 10km를 달렸는데 40분에 주파한 후배, 같이 시작해도 늘 앞서 달리는 동기 러너에 비하면 뒤쳐져 왜소하게 보이기도 했다. 나는 소위 사람들이 평가하는 달리기 기준-속도, 마라톤 기록, 완주 횟수-과는 사뭇 거리가 좀 멀었다. 욕심은 최고였지만, 발전 속도는 늦고 부상은 잦았다. 어느 순간 달리기가 싫어지고 괜한 거부감이 생기는 슬럼프도 찾아왔었다.

하지만 달리기의 본질(수많은 건강상의 장점, 엄청난 체중 감량의 효과, 나와의 대화 시간, 땀 흘리는 행복감)을 이미 뼈 속까지 알고 있었기 때문에 달리기와의 작별은 불가능한 일이었다. 나는 시선을 돌려 나의 직업, 정형외과와 달리기를 연관 지어 달리기 부상에 대해 좀 더 심층적으로 공부해보면 어떨까 생각이 들었다. 부상이 잦았던 경험도 있고 나름대로 찾아보고 공부했던 기억도 많아 이것만큼은 누구보다도 잘 할 수 있을 것 같았다. 하지만 달리기에 관한 책은 많았지만 달리기 부상에 대한 책이나 논문은 흔하지 않았다. 교과서나 외국 논문에 나오는 객관화되고 검증된 내용은 좀처럼 알려져 있지 않았고, 카더라 통신의 정보가 달리기 부상의 진실인 것처럼 호도되는 경우가 많았다. 어떠한 정보나 명제가 진리와 가까우려면 동일 대조군을 통한 전향적 연구를 진행하여야 하는데(레벨1), 개인이 작은 경험(레벨4)이나 전문가의 견해(레벨5)만으로도 불완전한 정보가 진리로 바뀌어 있는 현실이었다. 미국 스포츠의학회, 영국 스포츠의학회저널을 정기구독하며 틈나는 대로 읽고 카테고리를 만들어 정리해나가기 시작했다. 달리는 자세에 대한 개인레슨과 그룹 인터벌 훈련에 참가하며 달리기를 전문적으로 이해하는 것도 병행했다. 내가 선수처럼 잘 달릴 수는 없겠지만, 달리기 부상에 대해서는 좀 더 잘할 수 있을 것 같았다. 정형외과 전문의이자 러너로서 열심히 달리며 공부하고 치료하는 삶이 만족스러웠다.

이러한 관심으로 환자를 보다 보니 지역뿐 아니라 멀리서도 러너들이 입소문을 타고 병원을 찾기 시작했다. 나는 다시 좋은 피드백을 얻고 치료하며 경험치를 쌓을 수 있었다. 그동안 정리했던 달리기와 달리기 부상 관련내용을 매일경제신문 인터넷 칼럼으로 연재할 수 있게 되었고, 강의를 할 수 있는 기회도 얻었다. 최근에는 달리기 동작을 분석하며 부상의 원인이 되는 움직임을 찾기 위한 연구를 시작했고, 유튜브 채널(닥터남_부상없이 달리기)과 인스타그램(running_dr.nam)을 통해 올바른 정보와 지식을 전달하고자 노력하고 있다.

· **마지막 0.195km**

이렇게 글을 쓰다 보니 나는 대학교수도 아니고, 서브 3주자도 아니며, 마라톤 100회 완주자, 200km 울트라마라톤 완주자도 아니다. 나보다 더 빠르게 달리고, 더 달리기를 오래했고, 나보다 더 달리기실력이 좋고, 나보다 달리기에 대해 더 전문가이고, 나보다 더 달리기를 사랑하는 사람이 세상에 너무 많다. 책을 한 권 썼다고 해서 달리기가 나의 전유물이 될 수 없고 나는 그것을 소유할 수도 없다. 우리의 삶이 미완성이듯 나의 달리기와 달리기 부상에 대한 공부는 완벽하지도 않고 완성되지도 않았다. 하지만 이 책으로 인해 그동안 달리기를 잘 몰랐던 분들, 달리기에 관심은 있지만 부상이 염려되셨던 분들, 달리기를 좋아하지만 부상으로 인해 고통 받는 러너들에게 도움이 되었으면 한다. 부족한 부분을 이해하고 끝까지 읽어주신 여러분들에게 다시 한 번 깊은 감사를 드리고, 달리기와 달리기 부상에 대한 연구와 노력은 여기가 끝이 아님을 말씀드리고 싶다.

부상 없이 달리기를 즐기며 아프지 않게 삶을 완주하고 싶다.

2022년 1월 남형우

1) Knapik JJ, Brosch LC, Venuto M, et al. Effect on injuries of assigning shoes based on foot shape in air force basic training. Am J Prev Med 2010;38:S197-211.

2) Knapik JJ, Swedler DI, Grier TL, et al. Injury reduction effectiveness of selecting running shoes based on plantar shape. J Strength Cond Res 2009;23:685-97.

3) Ryan MB, Valiant GA, McDonald K, et al. The effect of three different levels of footwear stability on pain outcomes in women runners: a randomised control trial. Br J Sports Med 2011;45:715-21.

4) Warne JP, Gruber AH. Transitioning to minimal footwear: a systematic review of methods and future clinical recommendations. Sports Med Open 2017;3:33-53.

5) Fuller JT, Thewlis D, Buckley JD, et al. Body mass and weekly training distance influence the pain and injuries experienced by runners using minimalist shoes: a randomized controlled trial. Am J Sports Med 2017;45:1162-7

6) Malisoux L, Gette P, Chambon N, et al. Adaptation of running pattern to the drop of standard cushioned shoes: A randomised controlled trial with a 6-month follow-up. J Sci Med Sport 2017;20:734-9.

7) Malisoux L, Chambon N, Urhausen A, et al. Influence of the heel-to-toe drop of standard cushioned running shoes on injury risk in leisure-time runners: a randomized controlled trial with 6-month follow-up. Am J Sports Med 2016;44:2933-40.

8) Kulmala, J. P., Kosonen, J., Nurminen, J., & Avela, J. (2018). Running in highly cushioned shoes increases leg stiffness and amplifies impact loading. Scientific reports, 8(1), 17496

9) (panush ans inzinna 1994, buckwater and lane 1997)

10) Zwerver, J, Hartgens, F, Verhagen, E, van der Worp, H, van den Akker-Scheek, I, Diercks, RL. No effect of extracorporeal shockwave therapy on patellar tendinopathy in jumping athletes during the competitive season: a randomized clinical trial. Am J Sports Med. 2011;39(6):1191-1199.

11) Rompe JD, Cacchio A, Furia JP, Maffulli N. Low-energy extracorporeal shock wave therapy as a treatment for medial tibial stress syndrome. Am J Sports Med. 2010;38(1):125-132. 저에너지의 체외 충격파 치료는 94명의 보존적 치료에 반응하지 않는 경골과로성골막염환자에게 74%의 치료 성공률을 보였다.

12) John Patrick Furia. High-energy extracorporeal shock wave therapy as a treatment for insertional Achilles tendinopathy. AM J Sports MED . 2006 May;34(5)733-40

달리기의 모든 것

초판 1쇄 2022년 3월 15일
6쇄 2024년 10월 8일

지은이 남혁우
펴낸이 허연
펴낸곳 매경출판㈜
책임편집 서정욱
마케팅 김성현 한동우 구민지
디자인 ㈜명문기획

매경출판㈜
등록 2003년 4월 24일(No. 2 - 3759)
주소 (04557) 서울시 중구 충무로 2(필동1가) 매일경제 별관 2층 매경출판㈜
홈페이지 www.mkbook.co.kr
전화 02)2000 - 2642(기획편집) 02)2000 - 2636(마케팅) 02)2000 - 2606(구입 문의)
팩스 02)2000 - 2609 **이메일** publish@mk.co.kr
인쇄 · 제본 ㈜M - print 031)8071 - 0961
ISBN 979 - 11 - 6484 - 376-3 (03690)